LWMP

ISBN: 978-1-917006-03-3

Cyhoeddwyd gyda chymorth ariannol
Cyngor Llyfrau Cymru.

Clawr a darluniau: Anna Gwenllian
Dylunio clawr a dylunio mewnol: Olwen Fowler

Cyhoeddwyd gan:
Gwasg y Bwthyn,
36 Y Maes, Caernarfon,
Gwynedd LL55 2NN

post@gwasgybwthyn.co.uk
www.gwasgybwthyn.cymru

LWMP

Rhian Wyn Griffiths

bwthyn

GWASG Y BWTHYN

Cyflwynaf y gyfrol hon
i gofio'n annwyl iawn
am fy mam a 'nhad

Fe'm gwnaed o flodau,
y math sy bob tro'n aildyfu
hyd yn oed ar ôl y rhew.

Sabina Laura (cyf.)

Cydnabyddiaeth

Diolch i'r canlynol am ganiatâd i ddyfynnu o'u gwaith: Meinir Gwilym, Rhys Iorwerth, Ceri Wyn Jones, Esyllt Maelor a John Owen. Diolch hefyd i'r Lolfa am ganiatâd i ddyfynnu o gerddi Dic Jones, ac i Lynn Thomas am ganiatâd i ddyfynnu o soned T. H. Parry-Williams.

Diolchiadau

Diolch i Dylan, Nia, Elin a Tomos am fod yno bob amser yn gefn ac yn angor. Diolch hefyd i Mam a Dad am fod yma o hyd efo mi. Chwedl Dic Jones:

> Fy niolch i'm cydnabod o bob gwaed,
> Hwynt-hwy yw'r deunydd crai o'r hwn y'm gwnaed.

Diolch i'm holl ffrindiau triw a'm lapiodd yn dynn mewn blanced o gariad gyda'ch anogaeth, eich haelioni a'ch caredigrwydd. Diolch yn arbennig i Gwenno am ofalu amdanaf mor dyner a rhoi lloches i mi gryfhau ar ei haelwyd ar y Cnap.

Diolch i Lyn Jones am fy nghymell i sgwennu drwy gydol fy salwch. Diolch am gredu ynof pan oeddwn ynghanol y storm. Mae fy nyled yn fawr hefyd i Esyllt Maelor am ei chefnogaeth a'i chyfeillgarwch diffuant. Diolch am fy annog i rannu fy mhrofiadau i liniaru ofnau eraill.

Diolch i Nel am adysgrifio'r dyddiaduron gwreiddiol ac i Nia am fod mor barod i lunio cyflwyniad ar gyfer y llyfr.

Diolch i Wasg y Bwthyn am gyhoeddi'r gyfrol a gweld y gallai fod o gymorth i eraill. Mae fy nyled yn fawr i Gerwyn Wiliams am ei ymddiriedaeth, ei arweiniad sensitif a'i gyngor doeth.

Mae fy niolch pennaf i holl staff Uned Cancr y Fron, Ysbyty Llandochau ac Ysbyty Cancr Felindre am eu gofal arbennig ohona i.

Carwn bwysleisio mai cofnod o siwrnai bersonol ydy *Lwmp*. Nid llawlyfr meddygol o unrhyw fath mohono ond llyfr sy'n crynhoi fy nehongliadau a'm hargraffiadau wrth imi geisio ymrafael â chymhlethdodau termau dieithr a thiriogaeth estron imi. Ond rwy'n gobeithio hefyd y bydd yn cynnig rhywfaint o obaith a chysur i bwy bynnag arall sy'n gorfod wynebu'r daith unig a heriol hon.

❝

Waw, am brofiad ...

Unwaith wnes i ddechrau darllen dyma fethu
gwneud dim byd arall. Roeddwn yn byw a bod
ac yn anadlu yr un aer â Rhian. Ac eto, hyn
oedd yn fy nychryn – doeddwn i ddim, nag
oeddwn? Ac yna ar ôl gorffen roedd Rhian
efo fi am hir iawn ac wrth fy ochr lle bynnag
oeddwn i'n mynd. Do, cefais fy llorio, cefais
fy ysbrydoli, mi wnes grio llond fy mol a
chwerthin hefyd, a thrwy'r cyfan teimlo
blanced o gariad yn lapio amdanaf.
Does yna ddim llyfr sydd wedi gwneud
i mi deimlo fel hyn ers tro byd.

Esyllt Maelor

Cyflwyniad

Nia Roberts

Taswn i'n edrych ar fap bywyd Rhian, mi welwn ddarnau ohoni ar hyd a lled y bur hoff bau 'ma: o Gaerdydd ei geni a Chroes Cwrlwys ei blynyddoedd cynnar i ddyddiau Bae Colwyn a Bae Penrhyn ac addysg ysgolion Bod Alaw a'r Creuddyn. Bangor wedyn a graddio gydag anrhydedd o'r Coleg ar y Bryn, lle'r edrychai draw tuag at Fôn ei nain a'i thaid cyn anelu unwaith eto tua'r de, heibio Tregaron ei mam-gu. Torchi llewys wedyn yn ysgolion Llanhari a Bro Morgannwg yn y Barri gan ymgartrefu unwaith eto yn y brifddinas, nid nepell o Ysbyty Dewi Sant, Cowbridge Road East lle'i ganed ar ddiwrnod cyntaf 1968.

Rhian, Rhi, Rhian Griff, Miss Griffiths, Anti Rhian a RWG ar bob amserlen ysgol yn ein hatgoffa o'i theitl yn llawn, Rhian Wyn Griffiths, cyntafanedig Tom ac Enid a chwaer fawr Dylan. 'Rhian Colwyn Bé' oedd hi i mi yn ifanc, yr un y clywais sawl hen fodryb yn canu ei chlodydd. Rydan ni'n perthyn. Enid, mam Rhian, a John, fy nhad innau, yn blant i ferched fferm Cors yr Eira, Bodwrog, Môn. Yn dechnegol cyfyrder ydan ni, gan ein bod yn rhannu yr un hen nain a thaid, ond y gwir ydi fod Rhian wedi bod yn debycach i chwaer imi erioed.

Mae hon yn gymêr, un glên sy'n medru tynnu sgwrs efo pawb, a chyda'i gwên barod a direidi ei llygaid gleision mae hwyl fel petai'n dawnsio o'i hamgylch. Does dim syndod, felly, fod ganddi gyfeillion rif y gwlith a chewch chi neb mwy triw, mwy hael a gofalgar na Rhian. Ar ben hyn i gyd, mae hi'n hogan beniog a

chyda balchder dwi wedi'i gwylio hi'n gwneud camau breision
yn ei gyrfa. Roedd hi'n bennaeth Adran y Gymraeg, Llanhari yn
24 oed. Dringo wedyn, yn 32, i fod yn ddirprwy bennaeth ac un
o arweinwyr y tîm brwd fu'n gyfrifol am sefydlu Ysgol Gymraeg
Bro Morgannwg. Mae Rhian wedi estyn llaw ac arwain sawl
disgybl i ben y mynydd yn ystod ei gyrfa. Doedd o'n ddim syndod
yn y byd imi pan gafodd ddyrchafiad arall ym Medi 2017 i fod
yn arolygydd ysgolion gydag Estyn. Yn y cyfnod yma y teimlodd
Rhian y lwmp, darganfyddiad a drodd ei byd hi ben i waered.

Tydi o'n beth rhyfedd sut mae un gair yn medru siglo'ch byd
chi? Dwi'n cofio'r diwrnod yn iawn pan ddwedodd Rhian wrtha'i
ei bod hi wedi ffeindio lwmp. O Dduw, na – dim hon! Na plis,
peidiwch â mynd â hon oddi wrtha'i! Fel 'na roedd y llais
hunanol yn fy mhen i'n sgrechian. Wedi'r cyfan, roeddwn
i wedi bod yma o'r blaen pan ddywedwyd wrtha'i fod cancr
ar Mam. Roedd hi hefyd yn ei phumdegau ... ac fe'i collais hi.

Wrth reswm pawb, chlywodd Rhian mo'r ddrama yma. Pa
hawl oedd gan yr un ohonom i gyfleu ein hofnau *ni* pan oedd *hi*,
druan fach, yn llygad y storm?

Dwi wedi cyfeirio'n barod at yr hogan alluog. Wel, mae Rhian
hefyd yn meddu ar ddoethineb ac ymarferoldeb ac fe lwyddodd
i wynebu'r daith droellog o'i blaen gyda dygnwch ac urddas
rhyfeddol. Dwi ddim yn gwybod yn iawn sut nac o ble, ond mi
ddaeth hi o hyd i'r nerth i frwydro. O ia, ella y dylswn i fod wedi
sôn ei bod hi'n hogan benderfynol hefyd a diolch am hynny,
oherwydd roedd hi'n mynd i fod angen pob owns o gadernid
dros gyfnod o fisoedd er mwyn rhoi'r cyfle gorau iddi hi oroesi.

Rhoddodd Rhian ei ffydd yn y gofal gafodd hi yn Uned Cancr

y Fron, Ysbyty Athrofaol Llandochau ac wrthi iddi hi orwedd yn y gwely yn disgwyl am yr ail o'i llawdriniaethau, fe dyngodd yr hogan 'benderfynol' ei bod hi am godi arian at elusen yr uned ac fe wnaeth hi hynny mewn steil! £25,000 godwyd i gyd, diolch i ymdrechion cydweithwyr a chyfeillion yn gwneud Dro Da Dros Rhian, staff heini Ysgol Bro Morgannwg yn carlamu 10k, ac yna noson fythgofiadwy yng Nghaerdydd gyda cherddoriaeth fyw, llond lle o ffrindiau ac osciwn. Yn ystod y noson honno fe ddangoswyd fideo o'r llawfeddyg ymgynghorol Dr Lucy Satherley yn pwysleisio pa mor bwysig oedd yr elusen i waith yr uned yn Llandochau. 'The charity money allows us to improve what we are able to do,' meddai. 'From improving our diagnostic equipment right through to training our breast care nurses in nipple tattooing to purchasing new machines for theatre.' Fe soniodd hefyd am awydd Rhian i godi arian: 'I think that's a reflection of her as a person, that her first thoughts were to help other people and also to make something positive out of what must be a horrendous experience to go through.'

Y newyddion gwych i gleifion presennol yr uned a chleifion y dyfodol, yn ferched *ac* yn ddynion, ydi fod peiriant newydd bellach wedi cyrraedd yr uned ac enw Rhian arno! Caiff Lucy esbonio'i fendithion: 'The Intraoperative Ultrasound machine can be helpful in identifying tumours and making sure that you get adequate margins around the tumour of normal tissue which we need to make the operation safe and to get the cancer out safely.' Gwych, yntê? Dwi'n gwybod pa mor ddiolchgar ydi Lucy a'r tîm ond mae'n diolch ni i'r uned yn Llandochau yn anfesuradwy. Mae hi wcdi bod yn gythraul o siwrnai ond 'law yn llaw, cam wrth gam' mae Rhian bellach yn cofleidio'r cyfle i fynd 'ymlaen o ddydd i ddydd'. Do, mae cân Fiona Bennett wedi bod yn fantra ar hyd y daith!

Fe fu'r dyddiaduron yn gwmni ar y daith hefyd. Lyn Jones fu'n gyfrifol am annog Rhian i'w cadw nhw er mwyn ei chynnal yn ogystal â chofnodi camau'r cyfnod. Pan ddarllenodd Rhian ddetholiad ohonynt fel rhan o'r noson i godi arian, daeth sawl un ati a'i hannog i'w cyhoeddi. Roedd y gynulleidfa'r noson honno wedi cael dipyn o agoriad llygad. Mae'r cynnwys yn onest, yn aml yn ddirdynnol ac weithiau'n ddigri. Dwi'n gwybod y bydd darllen geiriau Rhian yn ysbrydoliaeth i lawer.

Cyn cloi mi hoffwn rannu un foment fydd yn aros efo mi am byth. Ar ôl y llawdriniaethau, daeth y chemo ac yna'r radiotherapi. Fi gafodd y fraint o fynd â hi i'w sesiwn olaf yn Felindre ym Medi 2022. Roeddwn i'n barod amdani efo fy ffôn pan gamodd hi allan am y tro diwethaf. Mae'r llun yn drysor sy'n dweud y cyfan: Rhian yn ei phinc hoff, y sgarff pen wedi'i dethol yn ofalus – mae hi wedi rocio sgarffiau pen yn ystod y cyfnod yma! – ei gwên yn llydan a'r llygaid gleision yn pefrio unwaith eto.

Diolch byth!

16 Chwefror

Gwayw. Gwayw fel cyllell yn saethu drwy 'mron. Wrth sefyll yn y gawod a'r dŵr cynnes yn llifo dros fy nghorff, des i ar ei draws. Lwmp estron. Lwmp caled. Lwmp maint hanner afal. Gwyddwn yn syth nad oedd popeth yn iawn.

Byw gyda'r boen a'r lwmp yn ddyddiol am wythnos. Hormonal. Glandular. Hunandawelu fy meddwl y byddai'n diflannu. Ond nid felly y bu. Roedd hi wedi bod yn amhosib gweld doctor drwy gydol y cyfnod clo. Trafod symptomau dros y ffôn oedd y drefn a danfon llun o'r hyn oedd yn achosi pryder. Roedd y cyfyngiadau Covid yn parhau yr un mor gaeth wrth ddod allan o'r ail gyfnod clo. Ond gwyddwn fod raid i mi weld rhywun. A hynny ar fyrder. Magu plwc i ffonio'r doctor.

Cael fy nghroesholi gan dderbynnydd haearnaidd a chaled a gorfod pledio fy achos i siarad â doctor. Ac felly y bu. Apwyntiad yn syth a llygaid y meddyg yn cadarnhau fy ofnau tywyllaf: 'I will refer you this afternoon, Rhian, to Llandough.'

Awyr iach. Cerdded drwy gaeau Pontcanna a'r gyfrinach yn saff. Cyfarch hwn a'r llall ac ateb yn ddeddfol, 'Dwi'n dda iawn, diolch,' wrth gamu 'mlaen a'm sbectol haul yn cuddio'r ofn. Wedi trafod y mwgwd a'r masg a wisgwn sawl tro wrth ddadansoddi darnau llenyddol gyda disgyblion Safon Uwch. Ond roedd fy mwgwd i'n llen dros dro rhyngof i a'r môr o wynebau cyfarwydd am y dyddiau a'r wsnosau cyn wynebu'r profion.

Daeth apwyntiad am famogram o fewn tridiau. Stilio wedyn.

Roedd wedi dod yn hynod gyflym. Mae'n rhaid bod y doctor wedi sgwennu *Urgent* ar y ffurflen gyfeirio. Y llythyr swyddogol a'r bathodyn NHS yn syllu arna i. Roeddwn wedi clapio clodydd y gweithlu anhygoel hwn drwy gyfnod Covid. A bellach roeddwn i'n dibynnu ar eu gwasanaeth arbenigol. Doedd dim hawl mynd â neb gyda fi oherwydd rheolau Covid a oedd yn dal mewn grym. Doeddwn i ddim yn poeni am y mamogram gan i mi gael un y llynedd. Popeth yn iawn bryd hynny. Doeddwn i ddim mor hyderus y tro hwn taw dyma fyddai'r dynged. Ffrindiau'n fy nhawelu – syst ydy o, gei di weld. Dim ond mater o nodwydd i'w ddraenio fo a byddi di'n ffein. Gadael y stafell pelydr-X gan ddiolch i'r radiolegydd hyfryd am fod mor dyner. 'Your result will be back in a week, so make an appointment as you leave to see the consultant next Thursday.' A dyna a fu. Llythyr yn fy llaw ac 11 y bore yn hoelio fy sylw ac enw'r arbenigwr yn y Breast Care Clinic.

3 Mawrth

Daeth dydd canlyniad y mamogram. Yn fy isymwybod gwyddwn nad syst mo hwn. Roedd fy ngreddf yn dweud na fyddai lwmp mor fawr yn gallu bod yn syst. Eistedd yn y stafell aros yn un o gôr o ferched eraill yn syllu'n fud, eu llygaid yn llawn ofn. A'r masgiau'n cuddio eu gwefusau crynedig. Awr o aros. Awr hir o stilio a sganio'r pamffledi ar y rac. Sylwi ar y llun o gardiau diolch ar y wal yn y dderbynfa. Merched o 30 i 80 yn bodio'u ffonau symudol, yn syllu ar y wal neu'n gwylio *This Morning* ar y sgrin, heb glywed yr un gair.

Galwyd fy enw. Cwrdd â'r nyrs arbenigol a hithau'n holi fy manylion personol: 'Have you breast fed? Are you on the pill? Are you on HRT? Is there any history of breast cancer in the family?' Yna dechreuodd yr archwiliad a chadarnhau'r hyn yr oedd y mamogram wedi ei ganfod hefyd. Roedd lwmp. Daeth ergyd arall: 'I can see that a few of your lymph nodes are also enlarged.'

Digwyddodd popeth ar wib. Gŵn cotwm crychlyd, a'r clymau prin yn gorchuddio fy nghnawd. Roeddwn i gael ultrasound a biopsi i gael y darlun yn llawn.

Eistedd mewn stafell aros arall gyda dynes yn ei hwythdegau a chodi sgwrs. Trafod y tywydd. Trafod y broblem parcio. Yna, wrth fodio ei gŵn, dwedodd: 'It must be very difficult to iron these cotton gowns. I'm glad I don't have to do a pile of these.'

Cael fy nghyfarch gan Liz, y radiolegydd, a'r nyrs. Gorwedd ar wely, yn methu rheoli'r cryndod yn fy nghoes a'm troed dde.

Roeddwn ar fy ochr a'r anesthetig yn cael ei chwistrellu'n ofalus i mewn i'm bron dde. Aros iddo gydio. Yn ddiarwybod i mi, roedd Liz, wrth fynd â'r sganiwr dros y gel oer, yn gweld yr holl ddelweddau ar y sgrin. Welwn i ddim, dim ond syllu ar wal wen o'm blaen yn ceisio rheoli'r cryndod.

Teclyn penodol yn gwneud sŵn fel cliced gwn wrth gymryd biopsi ac archwilio'r celloedd. Theimlwn i ddim. Roeddwn yn llythrennol yn eu dwylo nhw. 'We'll take a few biopsies from the lymph now, Rhian. You will hear the same noise, like a small shot. It will all be over soon.'

Wrth i'r nyrs baratoi'r dresin, dwedodd Liz: 'You're very cold. You remind me of my daughter. She had poor circulation.'

A minnau'n teimlo rheidrwydd i ateb: 'I was born three weeks early. Premature. And they told my mother when I was in the incubator that I was a blue baby. I've had poor circulation since.'

Gwisgo'r dresin dros y clwyfau a gweld olion y gwaed. Gwisgo'm dillad dyddiol yn ddiseremoni y tu ôl i'r llen. A meddwl nawr y cawn fynd adref a disgwyl am ganlyniad y biopsi. Ond nid felly y bu.

'Would you like a nice cup of tea?'

'Yes, please,' atebais.

Eistedd wedyn y tu allan i stafell y nyrs arbenigol gyda phaned o de, fy meddwl yn un ddrysfa lwyr. Daeth y nyrs arbenigol allan gan ddweud, 'I just need to have a chat with Liz and see the ultrasound and you'll be next.' Yn y pellter, clywn hi'n gofyn i nyrs a basiodd, 'Can you ask Jess to come down from upstairs?'

'Rhian, we're ready for you.'

Ac i mewn â mi. 'Nôl i'r un stafell. Ond y tro hwn, roedd nyrs ifanc yn eistedd ar gadair drws nesaf imi. Cofiaf y frawddeg: 'Rhian, this is Jess, your breast care nurse.'

Eistedd yn fud yn fy nghôt yn trio prosesu'r hyn a ddaeth i'm llorio.

Daeth yr ergyd nesaf: 'Do you have anybody with you today?'

'No,' atebais. 'She's gone home and I said I would text, once I have finished.'

'You should have brought her in with you,' meddai'r nyrs arbenigol.

Y swildod ufudd yn cael ei ddatgelu: 'But it says no visitors for patients on the door.'

Trodd ata i, gan dynnu ei masg yn is o dan ei thrwyn: 'I always allow somebody to come in with patients, if we deliver bad news.'

Dechreuodd siarad. 'I have looked at the ultrasound and seen that there's something sinister there. I can also see a tumour of around 4 centimetres.'

Allwn i ddim yngan gair. Teimlad fel taw siarad am rywun arall oedd hi. Ac yna daeth y swnami o senarios, un ar ôl y llall:

- Mastectomi, efallai, oherwydd maint y tiwmor
- Cemotherapi, efallai, oherwydd gallai fod yn y lymff
- Radiotherapi, efallai, ar ôl lwmpectomi i dynnu'r lwmp
- Tamoxifen wedyn am flynyddoedd i ddod.

Dechreuodd y dagrau lifo'n hidl. A'r masg yn celu'r gwefusau crynedig. Pasio tishiw imi a minnau'n dechrau meirioli. Holais, a'm llais yn floesg: 'What is the next step?'

'We'll wait for the biopsy to come back and then we'll tailor the treatment based on your needs. Jess will take you out now to another room to discuss anything you would like more information about. And Rhian, you will be okay. You don't smoke. You're not overweight. You're a fit young woman, and you'll be fine.'

Diolchais iddi a gadael y stafell fechan yn teimlo'n ddiffrwyth a syfrdan.

I bobl eraill mae pethau fel hyn yn digwydd.

Mae gen i gancr y fron.

Cancr.

'This is my card, Rhian,' meddai Jess. 'If you need anything, want to ask anything, just give me a ring. We'll see you again in a week for the biopsy result.'

'Thanks, Jess. I'll just text Gwenno now to come and pick me up.'

Gwenno yno'n aros wrth ddrws y fynedfa. Agorodd y llifddorau a chwalodd fy myd yn deilchion y prynhawn hwnnw ym mis Mawrth.

4 Mawrth

Heb gysgu dim. Troi a throsi. Pen yn curo. Calon fel gordd. Ail-fyw'r holl brofiad a'r geiriau'n troelli'n ffyrnig yn fy mhen. Dim egni. Dim nerth. Ond roedd gen i gyfarfod gwaith i'w gadeirio am deirawr, a doedd neb yn gwybod dim. Syllu ar y sgrin a'r masg yn saff amdana i. Llifodd y teirawr, a'r wynebau cyfarwydd ar y sgrin yn gwbl anymwybodol o'r gwewyr yr oeddwn ynddo a'r goes grynedig o dan y bwrdd oedd yn fy angori wrth lywio'r cyfarfod allweddol ar-lein. Rhannu diolchiadau a derbyn sawl e-bost caredig yn canmol y cadeirio crefftus. Roeddwn mor wan â chadach gwlanen a'r un lliw â hi erbyn amser cinio. Allwn i ddim stumogi dim. Roedd bwyd yn troi arna i. Ffrindiau agos yn mynnu 'mod i'n llyncu sŵp a phrydau maethlon. Doeddwn i'n blasu dim, ac yn bwyta er mwyn bwyta.

5 Mawrth

Ofn oedd yr emosiwn heddiw. Ofn a galar. Y teimlad tebycaf i pan gollais fy nhad yn drasig o sydyn dros nos ddwy flynedd yn ôl. Gwacter. Mudandod. Ofnadwyaeth ingol. Beth oeddwn am ei wynebu? Cyrhaeddodd y tusw blodau cyntaf ymhlith y degau o dorchau bendigedig. Y cardiau'n gwlwm cariad tyner: 'Meddwl amdanat.' 'Does neb cryfach na thi.' 'Gyda thi bob cam.' 'Un dydd ar y tro.' Rywsut roedd y bocsys dirifedi yn amddiffynfa rhag y realiti oedd ar fin newid cwrs fy mywyd.

6 Mawrth

Y postman siriol yn canu'r gloch: 'Must be your birthday. There are so many parcels for you today.' Bocsys bwyd, siocledi moethus, nofelau, llyfrau ryseitiau iachus, bocsys aromatherapi, a'r nwyddau a'm hachubodd yr wsnos stormus honno – tabledi Nytol Herbal a spray i'w roi ar y gobennydd i'm hudo i gysgu. Bu trwmgwsg y noson hon, ond roedd deffro fel sobri ar ôl noson drom o yfed gwin coch. Doeddwn i ddim wedi dadflino ac roedd fy ngheg yn sych grimp.

7 Mawrth

Cawod gynnes. Manteisio ar foethusrwydd y sebon lafant drudfawr a'r olew croen nefolaidd. Tylino'r croen ond oedi wrth gyrraedd fy mron dde. Allwn i'm cyffwrdd. Allwn i ddim teimlo. Roedd y lwmp hollbresennol yn fy atgoffa o'r cancr dieflig oedd wedi meddiannu fy mron. 4 centimetr o wenwyn. 4 centimetr o ddrwg.

8 Mawrth

Bu heddiw'n ddiwrnod hir. Mynd o gyfarfod i gyfarfod ar Teams a pherswadio pawb a phopeth fy mod i'n iawn. Criw bychan oedd yn gwybod am fy helbul, felly roedd hi'n haws actio'n normal. Gwrando ar gwynion dibwys. Amneidio yn y mannau cywir. Gwneud esgusodion am fethu ag ymuno mewn cyfarfodydd 'pwysig' yfory. Do, bu'n noson hir ac aflonydd. Roedd aros am ganlyniad y biopsi wedi teimlo fel oes. Ond o leia roedd Gwenno yn cael dod i mewn gyda mi yfory er mwyn clywed y diagnosis.

11 Mawrth

Gwenno yma'n ddeddfol i'm casglu. Y wên siriol a'r cadernid yn gysur. Wedi parcio ynghanol stad dai gyfagos, brasgamu'n ôl i mewn drwy fynedfa Ysbyty Llandochau am Ward y Fron. Bu'n rhaid i Gwenno eistedd y tu allan i'r ward ar gadair blastig goch, fel y rhai y camais heibio iddynt droeon mewn stafelloedd dosbarth fel athrawes. Awr yn ddiweddarach, fe'm galwyd i mewn. Gwenno wrth fy ochr, y llyfr nodiadau'n saff yn ei llaw. Roeddwn wedi gwisgo dillad llac, hawdd eu tynnu ar gyfer achlysuron fel hyn.

Y ddwy ohonom yn eistedd ochr yn ochr yn disgwyl i fwlyn y drws agor unrhyw funud. Agorodd y drws a daeth pedair

dynes i mewn i'n cyfarch. Suddodd fy nghalon. Pedair.
Doedd hyn ddim yn argoeli'n dda.

'Hello there, Rhian. I am Lucy, and this is Donna. We're
both breast surgeons. You've already met Jess, your breast care
nurse. We also have a senior nurse with us today to observe.'

Erbyn hyn roedd fy ngwefus isaf yn crynu a'm stumog yn
gawdel.

Dechreuodd drwy holi beth oeddwn i'n ei gofio ers fy
apwyntiad yr wythnos gynt. Yn bwysicaf, beth oeddwn wedi ei
ddeall am fy nghyflwr. Roedd llawer o'm ffrindiau wedi datgelu
eu bod wedi synnu fy mod i'n cofio cymaint a ddwedodd yr
arbenigwr. Sioc, efallai, a barodd i bopeth serio ar y cof.

'You've captured it all correctly, Rhian,' meddai Dr Lucy. 'The
results are back, and we can confirm that you have breast cancer.'

Gwn na fydd llawer yn fy nghredu, ond doedd ei glywed yr
eilwaith ddim cynddrwg. Y tro cyntaf, daeth fel bollt o wn. Y tro
hwn, roeddwn wedi cael wythnos i brosesu ac ymgyfarwyddo.
Fodd bynnag, roedd ail gymal i'r diagnosis.

'However, although the biopsy results for the lymph nodes
are negative, we can see that they are reactive. We would like to
take further biopsies today, just to be totally sure that the lymph
is clear. I apologise that you have to have another biopsy, Rhian.
But it's better to be sure, as this will determine the treatment plan.
Before you have your biopsy, both Donna and I would like to
examine you, as we haven't seen the lump yet.'

Eistedd ar erchwyn y gwely a'r ddwy feistres hon yn trafod
maint y tyfiant, lleoliad y tyfiant, goblygiadau cosmetig a natur
y llawdriniaeth. Yn ddiarwybod i mi, mae gan bob merch un

fron sy'n fwy na'r llall. Yn fy achos i, mae'r chwith yn fwy na'r dde. O'r herwydd trafodwyd y posibilrwydd o lwmpectomi ar y fron dde a lleihau'r fron chwith i gadw'r edrychiad cosmetig yn effeithiol. Doeddwn i erioed wedi meddwl y baswn yn cael breast reduction fel rhan o'r fargen.

Liz, y radiolegydd hyfryd, yno i'm cyfarch eto: 'It's you again. So sorry we have to put you through this again, Rhian. But we just need to make sure, as the lymph nodes are enlarged.'

Cydiodd yr anesthetig fel gefail a theimlais i ddim. Prin oedd y clwyfau a'r cleisiau ers y driniaeth wythnos dwytha.

Cael ultrasound o dan y gesail chwith hefyd, gan fy mod wedi teimlo chwydd fel pysen yno dros y Dolig. Wrth dylino'r gofod gyda'r gel oer, anogodd Liz fi i edrych ar y sgrin.

'I don't want to look Liz, thanks. It would be different if it was a baby, but I really don't want to see.'

Roedd meddwl am edrych ar y delweddau annelwig ar y sgrin yn codi ofn arna i. Rhewi. Fferru. Delwi. Byddai gweld cysgodion a chrychau gwyn ar y sgwâr ar fy ochr dde yn ormod i mi. Ofn yr anwybod. A'r ofn yna'n llethol. Roedd murmur ei llais yn y cefndir wrth iddi fynd dros y fron gyda'r fraich blastig yn ddychryn pur. Gallai hi weld maint y lwmp a phopeth oedd yn cuddio yn ei diriogaeth.

'You have a very well-developed muscle in your armpit, Rhian. Do you do a lot of keep fit?'

'I've been taking part in classes, yes, during lockdown.'

Basa fy athrawon Ymarfer Corff yn y Creuddyn erstalwm yn gelain yn chwerthin – 'well-developed muscle' gan yr un oedd yn mitsio traws-gwlad bob cyfle posib!

'The results of this biopsy will be back in a week, Rhian. Make an appointment as you leave. And please, be kind to yourself.'

Gwyddwn y byddai hon yn wythnos hir. Penderfynais barhau i weithio, ac roedd hi'n reit handi gallu mudo a diffodd y camera ar Teams. Roeddwn yn anweledig, ac roedd fy nghyfrinach yn saff. Mewn byd oedd yn sydyn heb strwythur, roedd amserlen gwaith yn rhoi strwythur imi. Doedd gen i ddim rheolaeth dros unrhyw beth ac yn sicr allwn i ddim dylanwadu ar fy nhynged.

Mae gen i gerdd gan Dic Jones sy wedi'i hysgrifennu ar lechen ar wal yn y tŷ:

> *Cyfaill*
>
> Mae fy ngobeithion yn rhan ohonot,
> Mae fy nioddef a'm hofnau'n eiddot,
> Yn dy oriau euraid, fy malchder erot,
> Yn dy oriau isel, fy ngweddi drosot.

Fu erioed y fath gyfnod yn fy mywyd nad uniaethais yn fwy â gwirionedd y geiriau hyn. Fel blanced gynnes, fe'm cofleidiwyd gan gariad, gan gysur a chan gyfeillgarwch cwbl anhygoel teulu a ffrindiau. Cyrhaeddodd plât ar ôl plât o fwyd. Tusw ar ôl tusw o flodau. Nofel ar ôl nofel heb sôn am sebonau ac eli croen bendithiol. Roedd y cardiau'n gysur, y galwadau ffôn yn hwb a'r negeseuon testun yn 'gydio llaw' o bell. Does yna'r un ohonom yn cael y cyfle i glywed ein teyrngedau yn ein hangladd. Ond codwyd cwfl y llen yn y cyfnod yma ar ddiolchgarwch cyfeillion a ffrindiau am 'fod yna' iddyn nhw yn ystod eu stormydd nhw. A chyda'r tonnau'n lapio'n gynnes amdanaf, roedd wynebu pob yfory'n haws.

18 Mawrth

Gwenno'n cyrraedd yn brydlon a siriol i'm casglu i fynd am fy nghanlyniadau. Ffarwelio â'r peintiwr wrth gloi'r drws ffrynt ac yntau'n gweddi: 'Hope you have a lovely afternoon, whatever you've got planned!'

'I will,' atebais gan dynnu anadl ddofn.

Roedd y stafell aros yn brysurach heddiw, a'r cadeiriau plastig coch wedi'u gosod yn drefnus o fewn rheolau'r cyfyngiadau Covid. Fûm i ddim yno'n hir heddiw. Galw ar Gwenno i gyd-gerdded yr un coridor eto, i stafell lai y tro hwn. Daeth nyrs ata i yn holi a allwn i wisgo gŵn. Rhewais. Pam oedd angen gŵn eto heddiw? Roedd y syniad o fwy o biopsis yn hunllef. Y ddwy ohonom yn mân siarad a'r eiliadau'n araf dipian. Y drws yn agor ac i mewn â Jess, y nyrs, a Lucy'r llawfeddyg. Ffeil o flaen Lucy a llyfr nodiadau o flaen Gwenno.

'We have good news for you, Rhian. It isn't in the lymph.'

Wylais nes na welwn wyneb Lucy o'm blaen.

'Secondly, the cancer that you have, Rhian, is an oestrogen receptive cancer and HER2-negative, which is good.' Oestrogen receptive, y cyfeirir ato fel ER, yn y dull Americanaidd.

Yn araf a fesul tipyn, dadlennwyd cynllun y daith i ddod. Gan fod y tiwmor tua 4cm, byddai angen tynnu 6cm yn llawn o'r fron. Byddai hyn, o ganlyniad, yn siŵr o newid ffurf y fron. Yn achos merched fel fi sy'n cael y math yma o gancr mae triniaeth hormonaidd yn effeithiol. Yn ystod y cyfnod Covid roedden nhw wedi cael canlyniadau anhygoel drwy drin cleifion â Tamoxifen i ddechrau. Y nod ydy crebachu'r tiwmor fesul tipyn drwy'r cyffur hwn er mwyn gallu rhoi llawdriniaeth ar y diwedd.

'The results have been outstanding, Rhian. And the prognosis for you is very good.'

Allwn i ddim dymuno gwell canlyniad o gael clywed fy mod yn dioddef o'r aflwydd afiach y mae ar bawb ohonom ei ofn.

Ond fel roedd y storm yn gostegu, daeth storm arall i daro. Cymerwyd fy mhwysau gwaed ac roedd yn yr entrychion. Mor uchel fel na chawn i adael yr ysbyty nes gwneud profion pellach.

Doctor ifanc yn tynnu gwaed a'm tywys i'r uned asesu. Cymryd fy mhwysau gwaed yn y fan honno eto gan nyrs ifanc oedd yn britho pob brawddeg ag 'okay, lovely'. ECG. Profion dŵr. Fy ngwysio am belydr-X ar y frest. A bod yn onest, doedd fawr mwy o brofion eraill iddyn nhw eu rhoi imi. Deirawr yn ddiweddarach, a'r pei pysgod a'r crymbl yn dechrau crimpio yn y troli bwyd, ces wybod y cawn fynd adref gyda phresgripsiwn at y pwysau gwaed.

Roedd Gwenno druan wedi delwi yn aros amdanaf yn y maes parcio – roedden ni wedi bod yn aros yno ers 11 y bore ac roedd hi bellach yn 6 yr hwyr. Roedd hi wedi cysylltu gyda Mari a ddaeth i'r maes parcio i'm casglu ar ei ffordd adref o'r ysgol. Doeddwn i erioed wedi teimlo mor flinedig a lluddedig. Yr unig beth roeddwn i eisiau wedi cyrraedd adref oedd jinsen fawr. A dyna a gafwyd gyda phlât o basta, oedd yn hawdd ei lyncu a'i dreulio.

19 Mawrth

Deffro i sŵn y ffôn tŷ yn diasbedain am 8:30 y bore. Lucy, fy llawfeddyg, yn galw i weld sut oeddwn i Tawelu fy meddwl fod y profion gwaed yn datgan bod y blood count yn iawn. Fy siarsio i brynu peiriant i fesur fy mhwysau gwaed gartref. Mesur hwnnw deirgwaith yn y bore a chofnodi'r darlleniad isaf. Cadw cofnod am wythnos ac yna trefnu i fynd at fy meddyg teulu i gael ei fesur wedi cwrs wythnos o dabledi pwysau gwaed.

Allwn i ddim credu bod llawfeddyg yn mynd i drafferth i'm ffonio i'n bersonol i'r tŷ a threulio hanner awr yn cynghori ac yn tawelu fy ofnau. Cofiaf ei eiriau'n iawn:

'You have received news which is one of the worse news anyone can hear. But dealing with this in the middle of Covid is even harder. We are here to support you all the way, and you need to put yourself first now, Rhian.'

Bu'n frwydr gyda'r derbynnydd yn y feddygfa i gael y tabledi pwysau gwaed:

'Can't get them 'til Monday' oedd y frawddeg wnaeth fy nharo fel bwyell.

'I need these today, please. I was diagnosed with breast cancer yesterday, and I can't start my Tamoxifen until my blood pressure stabilises.'

Credaf i ryw emosiwn sleifio i'w llygaid:

'Phone later on, to see what I can do.'

Am 5:45 ces y presgripsiwn a'r fferyllfa yn cau am 6. Os oedd fy mhwysau gwaed yn uchel ddoe, roedd wedi saethu i fyny wrth ddelio â'r derbynnydd hunanbwysig oedd wedi cael rhyw bŵer rhyfeddol ers cyfnod Covid.

Addasu a delio

Mae'r dywediad 'cael fy nharo gan fws' yn taro deuddeg i'r dim i ddisgrifio sut oeddwn i'n teimlo. Roedd drysfa o emosiynau yn meddiannu'r corff fesul awr. Ofn. Panig. Unigrwydd. Dicter. Hunandosturi. A'r cwestiynu: pam fi? Ond wrth i'r oriau basio daeth llu o emosiynau newydd. Derbyn y sefyllfa. Fel y dwedodd Lucy, mae un ymhob saith o ferched dros 50 oed yn cael diagnosis fel fi. Brwydro'r bwystfil peth 'ma. Doedd o ddim yn mynd i 'nhrechu i.

Dechrau darllen y pamffledi ges i gan Jess. Paratoi'r ffordd ar gyfer sut oeddwn i'n mynd i deimlo. A dechrau ymchwilio ar y we i fwydydd a deiet er mwyn concro hwn. Fy nghyfnither yn anfon copi yn y post o *The Happy Healthy Plan*, sylfaenwyr brand The Happy Pear. Ffrind arall yn archebu powdr Haskapa sydd â phedair gwaith yn fwy o anthocyanins na llus. Osgoi cig wedi ei brosesu. Dim brechdan bacwn am sbel. Rhyfeddu o glywed bod bwyd barbeciw yn wael gan ei fod yn carcinogenic. Alcohol yn wael i gancr y fron ond os ydy hi'n anodd ymwrthod yn llwyr, yna yfed gwydryn gyda bwyd. Fitamin D yn allweddol, felly digon o fecryll ac eog ffres. Llysiau gwyrdd – toreth ohonynt – a bara brown. Canmol mawr i fwydydd wedi'u ffermentio ac anogaeth fawr i yfed keffir.

Rhaid dweud fy mod i'n un sy'n bwyta'n iach ar y cyfan a doedd dim o'r bwydydd yma'n peri arswyd i mi. Byddai trip bach i Beanfreaks yn Canton yn hanfodol er mwyn canfod keffir, mae'n siŵr.

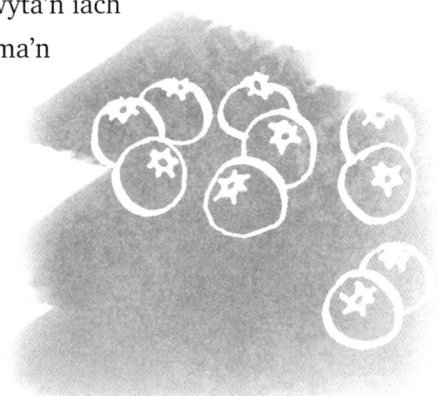

Ac roedd ffrind a fu drwy'r un salwch â mi yn brolio gogoniannau ceirch wedi'u mwydo mewn llaeth ceirch gyda hadau chia a phwmpen. Roeddwn yn benderfynol o wneud popeth o fewn fy ngallu i ymladd y clefyd dieflig hwn gan achub ar y cyfle i gael bach o detox yn y broses.

Ers bron i flwyddyn roeddwn wedi mwynhau cymryd rhan yn sesiynau ffitrwydd Ffit gyda thair hyfforddwraig Gymraeg ar-lein. Wedi buddsoddi mewn mat ioga, pwysau a kettle bell roedd y cyfuniad o wersi a cherdded wedi 'nghynorthwyo i golli stôn. A minnau yn fy mhumdegau, roeddwn yn pwyso yr un maint rŵan â phan es i i'r brifysgol ym Mangor yn ddeunaw oed. Dagrau'r sefyllfa oedd bod y cancr wedi bod yn cyniwair ynof drwy gydol y cyfnod hwn o gadw'n heini a chyrraedd fy nod o ddeng mil o gamau'r dydd. Doedd y syniad o godi pwysau na thaflu kettle bell i'r aer ddim yn apelio mwyach a minnau gyda lwmp mor amlwg ar ochr dde'r fron. Ymroi i gerdded a digon o awyr iach, felly, a byddai dyddiau'r sesiynau Ffit ar-lein yn dychwelyd eto yn y man, gobeithio.

Clirio

Daeth rhyw ysfa ryfedd drosta'i, ysfa i glirio. Dechreuais gyda'r ffeiliau lever arch ers cyfnod coleg. Pryd faswn i angen darllen am y Gogynfeirdd a Beirdd yr Uchelwyr eto? Fedrwn i ddim gwaredu fy hen lyfrau ysgol i na rhai Mam a Nain. Roedd 'rhain i'w trysori ac yn gadwen rhwng y cenedlaethau. Dyma daclo'r drôr gyda'r holl ddogfennau ariannol a dogfennau'r car. Roeddent yn rhychwantu degawd, a'r ceir yn y ffeil wedi eu hen werthu.

Ymosod ar y wardrob wedyn a thyrchu drwy hen siwmperi, cardigans a ffrogiau sgleiniog a sidanaidd oedd heb weld golau dydd ers degawd. I mewn â nhw i'r bag ailgylchu elusennol. Teimlwn gyfrifoldeb yn pwyso arna'i, cyfrifoldeb i glirio. Pwy fyddai'n gorfod clirio fy 'stwff' i ar ôl fy nyddiau i? Rhyw gatharsis bendigedig wrth weld nad oedd y silffoedd, drôrs na'r wardrob yn gwegian mwyach.

25 Mawrth

Wedi wythnos o fonitro fy mhwysau gwaed yn ddeddfol bob bore, gostyngodd i lefel normal. Gyda darlleniadau o 126/84, 125/82 a 120/80, ces y newyddion rhagorol y cawn ddechrau ar Tamoxifen. Casglu'r bocs rhyfeddol o dabledi oedd yn mynd i grebachu'r tyfiant annifyr yma. O ddarllen y sgileffeithiau, y ffaith fwyaf nodedig oedd y byddai'n cychwyn y menopôs i mi. A minnau'n 53, roedd hi'n hen bryd i mi gamu i mewn i'r bennod anturus hon rŵan, siawns.

Yn ystod yr wythnos, prin fu'r adwaith i'r feddyginiaeth. Daeth lludded i lorio ac i lethu ar gyfnodau penodol yn y dydd. Ces dwtsh o benysgafnder a mud gur pen. Ond yna daeth poen fel cyllell boeth am ddeuddydd, yn trywanu ardal y lwmp. Roedd yn mynd â fy ngwynt, cymaint oedd y gwanu. Dyma un cwestiwn i holi'r nyrs yn fy ngalwad ffôn wythnosol.

Ar y dydd Mercher, ces ffitio'r traciwr neu glip oedd yn dynodi union leoliad y tiwmor yn y fron. Weithiodd yr anesthetig ddim y tro cyntaf, a rhaid i mi gyfaddef i mi neidio. Ar y trydydd cynnig, gosodwyd y clip titaniwm gwyrthiol fyddai'n llywio'r llawfeddyg at union fan y drwg pan ddeuai'n amser cael y llawdriniaeth. Liz y radiolegydd eto'n hynod sensitif a gofalus ohonof. Dyma'r trydydd tro i ni'n dwy fod yng nghwmni ein gilydd.

'You're very brave, Rhian,' meddai. 'Unfortunately, I won't be with you for the next few months.' Diolchais iddi a theimlo ysictod yn fy stumog na fyddai'r ffigwr famol hon yn cyd-gerdded y daith â mi.

Yn ddeddfol, yn ôl ei haddewid wsnosol, fe ffoniodd Jess. Holi am fy narlleniadau pwysau gwaed. Holi am hynt a helynt gosod y traciwr. Yna esboniais am y lludded a'r boen. Lludded, yn ôl y sôn, yw un o brif sgileffeithiau'r clefyd a'r cyffur. O ran y boen, roedd hyn yn galonogol. Arwydd bod y Tamoxifen yn brwydro'r oestrogen yn y tyfiant. Roedd y gwres a'r gwayw yn y fron hefyd yn symptomau cyffredin. Rhybuddiodd fi y gallwn deimlo poenau yn fy esgyrn hefyd maes o law. Roeddwn i'n llawer tawelach fy meddwl wedi siarad gyda hi. Gallwn wynebu'r symptomau dim ond i mi wybod eu bod yn rhan o'r beichiau ar y daith hon.

Addewidion

Rhannodd fy nghyfnither bodlediad *The High Performance Podcast* gyda Jo Malone yn westai. Rhaid cyfaddef nad ydw i'n un sy'n gwrando fel arfer ar bodlediadau. Fodd bynnag, a minnau wedi gwneud ymdrech i neilltuo ychydig o amser yn ddyddiol i arafu ac ymlacio roedd gwrando ar bodlediadau yn mynd i fod yn rhan newydd o fy nhasgau dyddiol. Tipyn o her a minnau'n casáu bod yn segur. Wedi dechrau gwrando arni hi, teimlais 'mod i'n gallu uniaethu ag ychydig o'i sylwadau hi. Yn 38 oed, cafodd Jo Malone wybod bod cancr y fron arni. Wrth wynebu'r cancr, cyfeiriodd at bethau fel 'a good old spring clean of my life' a 'certain people and situations which really drained me'. Roeddwn wedi rhannu sylwadau tebyg gyda ffrindiau agos yr wythnos gynt. Wrth dderbyn galwadau ffôn a negeseuon testun, roeddwn wedi fy nghyfareddu gan garedigrwydd a doethineb y rhan fwyaf ohonynt. Ond bu ambell neges dywyll ei naws gan broffwyd gwae oedd yn tyrchu i mewn i diriogaeth nad oeddwn eisiau camu i mewn iddi. Addewais i mi fy hun nad oedd lle i bobl negyddol, hunanol na thocsig yn fy mywyd yn ystod y bennod hon. Yn rhy aml roeddwn wedi ceisio plesio pawb a heb blesio fy hun. Dyna'r addewid cyntaf.

Yr ail addewid oedd codi'r ffôn ar ffrindiau yn hytrach na thecstio. Roedd llif y sgwrs, yr ymgomio rhwydd a'r cyfathrebu naturiol yn rhoi llawer mwy o fwynhad nag anfon neges destun gryno y gellid ei chamddehongli.

Y trydydd addewid oedd gwneud 10,000 o gamau bob dydd er mwyn codi arian ar gyfer elusen cancr yr ofari. Fe gollon ni

Anti Mêb yn greulon o sydyn yn 57 mlwydd oed i'r cancr cyfrwys hwn. Ar dudalen Just Giving, noda Gareth a Nia, ei phlant:

> Roedd Mam, Mabel, ynghanol ei 50au pan gafodd y diagnosis ac ymhen 6 mis roedd hi wedi marw. 1991 oedd hynny ac eleni 'dan ni ei phlant a'r teulu, gan gynnwys ei hwyrion na welodd hi erioed mohonyn nhw, am godi ymwybyddiaeth a phres er cof am Mêb.

Nes bod rhywun yn cael diagnosis fel hyn, mae hi'n anodd iawn deall impact ergyd y newyddion. Daeth cyfnod gwaeledd Anti Mêb 'nôl yn fyw i mi. Meddyliais lawer amdani yn unigrwydd ei gwely yn yr ysbyty yn Lerpwl yn gwybod na fyddai unrhyw driniaeth yn trechu'r salwch. Ar derfyn mis Mawrth, fe godwyd dros £6,000 er cof am Anti Mêb. Teimlwn, wrth droedio concrit Canton, fy mod yn gwneud fy mhwt bach i i godi ymwybyddiaeth o gancr nad oes dim hanner digon o ymchwil wedi ei wneud amdano.

Addewid rhif 4 oedd cael ymgeledd mewn llenyddiaeth a dyfyniadau pwerus. Es 'nôl at nifer o'r testunau yr oeddwn wedi mwynhau eu rhannu gyda disgyblion ar hyd y blynyddoedd yn y gwersi Lefel 'A'. Rywsut, roedd llawer o'r testunau a'r emosiynau dyrys oedd ymhlyg rhwng y tudalennau yn llawer mwy perthnasol a byw i mi erbyn hyn. Ailddarllenais y rhan ingol yn *Un Nos Ola Leuad* ac ail-fyw taith y bachgen bach a'i fam i Seilam Dimbach. Ailddarllenais araith Llywelyn i Siwan a thosturio at ei gariad na rannwyd â hi tan ei bod hi'n rhy hwyr. Roedd unigrwydd a breuder y cymeriadau yn llawer mwy real i mi erbyn hyn. Doedd y gonestrwydd ingol oedd mor gignoeth yn soned 'Dychwelyd'

T. H. Parry-Williams ddim yn rhan o 'mhrofiad i yn fy nyddiau cynnar fel athrawes. Ond roedd y llinellau yn llawer mwy ysgytwol erbyn hyn:

> Ac am nad ydyw'n byw ar hyd y daith,
> O gri ein geni hyd ein holaf gŵyn,
> Yn ddim ond crych dros dro neu gysgod craith
> Ar lyfnder esmwyth y mudandod mwyn …

Mae pob un ohonom yn credu ein bod ni'n anorchfygol. Ac yn sicr yn credu ein bod yn allweddol bwysig i'n gweithle. Wrth ffarwelio â chyfaill annwyl oedd yn ymddeol o'r gwaith ddiwedd Ionawr 2021, comisiynwyd englyn gan Ceri Wyn Jones ar ei gyfer:

> Yn fonheddig, yn gefn iddi, ymroist
>   i'r Gymraeg a'i stori:
>   yn ei chân, yn ei chyni,
>   caru'r iaith oedd dy waith di.

Croniclwyd holl rawd bywyd Hywel mor gelfydd a chywrain yn yr englyn hwn. Trysorodd ef y campwaith oedd yn dysteb i'w yrfa oes.

Gan fy mod i wedi bod mor ffodus â chael cydweithio gyda llu o bobl dalentog ar hyd fy ngyrfa, roedd cyfle i ddiolch yn fwy allweddol nag erioed. Roedd y cyfnod bregus hwn yn creu ysictod. Yn creu'r angen i gydnabod wrth gyfeillion arbennig cymaint oedd fy nyled iddynt.

Yn 24 oed ac yn bennaeth Adran y Gymraeg yn Ysgol Llanhari, ces y fraint o arwain criw o athrawon ymhlith y mwyaf disglair a dawnus. Cyfnod euraidd yn fy ngyrfa. Cyfnod a'm mowldiodd ac a ddylanwadodd ar fy null o arwain pobl hyd at heddiw. Roedd y cyd-ddyheu i greu profiadau diwylliannol a diwylliedig i ddisgyblion yr ysgol yn ein huno'n gwlwm tyn. Mae'r athrawon hyn wedi bod yn gyfeillion oes ac yn hynod ffyddlon eu cyfeillgarwch. A hithau'n ben-blwydd un ohonynt yn hanner cant, dyma gomisiynu Rhys Iorwerth i greu englyn personol i Cheryl Roberts fel rhodd. Byddai Williams Parry'n cyfeirio'n gyson at 'enaid hoff cytûn' a dyma fu Cheryl i mi ar hyd y ffordd:

> Daeth dyddiau'n pumdegau ni'n dwy! Ond Cher,
> does ots. Ar eu trothwy,
> ti'n gariad amhrisiadwy,
> yn enaid mawr, yn ffrind mwy.

EBRILL 2021

Wythnos o seibiant yn y gogledd

Yn ffodus, roedd Dylan fy mrawd yn sylwebu ar gêm bêl-droed ddydd Sadwrn yng Nghaerdydd. Roeddem yn agos iawn fel brawd a chwaer ac roeddwn yn edrych ymlaen yn arw at ei weld o. Roedd cyfle gwych i gael lifft 'nôl i'r gogledd ar y dydd Sul i weld Mam a gweddill y teulu. Doeddwn i erioed wedi bod mor hir heb weld Mam ers i ni golli Dad yn arswydus o sydyn.

Doeddwn i ddim wedi celu dim oddi wrth Mam am fy salwch – doedd dim i'w ennill o wneud hynny. Ond doeddwn i ddim wedi rhannu fy emosiynau dyfnaf. Yr ofn. Y pryder. Y nosweithiau di-gwsg o ail-fyw pob gair o bob cyfarfod â'r arbenigwyr.

Roeddwn wedi datgan yn glir iawn wedi'r diagnosis fod yn rhaid bod yn bositif rŵan. Wynebu pob dydd gyda ffydd ac amgylchynu fy hun gyda phobl a phethau positif. Wedi ceisio perswadio pawb o'r mantra cychwynnol pwerus yma fyddai gobeithio'n fy achub yn feddyliol ar hyd y daith.

Gan fod y Tamoxifen yn mynd i brysuro menopôs cynamserol, roeddwn yn deffro'n feunyddiol yn hanner petrus i wybod a fyddwn yn ddiafoles oriog oedd yn laddar o chwys bob yn ail awr. Felly roedd aros gyda Mam yn gyfle i ymlonyddu. Dim sŵn heblaw am sŵn Radio Cymru. Dim rhuthr. Dim ymweliadau ysbyty. Bu'n gyfle iddi hi weld fy mod i'n edrych yn bur dda ac yn bwyta'n iawn. Roedd yn gyfle i mi allu morol amdani hi hefyd drwy goginio prydau maethlon, tywallt Martini a lemonêd am 6 a newid ei gwely – proses oedd wedi dod yn heriol iddi ers ychydig o flynyddoedd.

Pleser pur oedd cael cerdded ar hyd glannau'r Fenai a rhyfeddu unwaith eto at ogoniant Pont y Borth. Mae cymaint o gyfeillion annwyl ac arbennig yn byw nid nepell o dŷ Mam. Felly roedd yn gyfuniad perffaith o amser teuluol ac amser gyda ffrindiau.

Rwy'n agos iawn at fy nith a'm nai, Elin a Tomos. Roedd Elin wedi bod yn graig drwy stormydd yr wythnosau diweddar. A hithau ar ei blwyddyn allan yn dysgu mewn ysgol gynradd ym Mharis bu Facetime yn achubiaeth i'r ddwy ohonom. Cael teimlo ein bod ni'n agos at ein gilydd. Wnes i ddim gochel unrhyw fanylion rhagddi, gan i mi deimlo ei bod hi'n bwysig ei bod hi fel merch ei hun yn deall y stori. Arhosodd y ddelwedd ohoni yn ei stafell wely yn ei fflat ym Mharis a'r dagrau'n llifo'n hidl i lawr ei boch yn fyw yn y cof.

Gan fod Tomos ym Mlwyddyn 13, ac wedi cael blwyddyn ddigon tymhestlog o ran ei addysg a'i fywyd cymdeithasol oherwydd cyfyngiadau Covid, ni ddwedais ddim. Pan ddeuai'n amser y llawdriniaeth, byddai'n bwysig datgelu mwy.

Roedd coflaid y ddau pan gyrhaeddais Frondeg, eu cartref, ar ddiwedd y daith yn gadarn, gariadus. Doedd dim angen geiriau. Roedden nhw yno yn rhan ganolog o'r fyddin amddiffynnol oedd fel caer i'm cadw'n saff. Roedd y teimlad yma o gefnogaeth yn amhrisiadwy a chynnes ac yn fy ymarfogi'n ddyddiol i wynebu pob dydd yn bositif.

22 Ebrill

Roedd y drefn wedi'i gosod. Gwenno yma i'm casglu am 10 ar gyfer ein howtin i Landochau. Fu dim raid aros yn hir yn y stafell aros heddiw. Roedd yr awyrgylch yn wahanol y tro hwn. Yn dawelach. Llonyddach.

I mewn â ni'n dwy i stafell fwy na'r arfer. I mewn â mi i'r gŵn cotwm oedd fel sach amdanaf ac aros i Dr Lucy a Jess gyrraedd.

'Can I examine you, please?' oedd y cais. Yn seicolegol, roeddwn wedi paratoi fy hun i glywed na fyddai llawer o newid ym maint y tyfiant heddiw. Cadarnhawyd hyn gan Dr Lucy. Ond roedd hi'n rhyw feddwl ei fod fymryn yn feddalach. Fel y nododd: 'Very early days and you've only been on the Tamoxifen for a month.'

Bu sgwrs wedyn am y daith oedd o'm blaen. Chwe i naw mis ar y tabledi cyn cael llawdriniaeth. Cyfnod mwy nag yr oeddwn wedi ei feddwl. Ac yna lwmpectomi a thriniaeth radiotherapi ar y terfyn. Yn ôl Dr Lucy mae tair carfan o ferched yn delio â'r broses hon yn wahanol:

- Mastectomi yn syth – y fron wedi eu siomi nhw
- Lwmpectomi – cadw'r fron a chadw'r ffurf fenywaidd
- Y rhai, fel fi, oedd am roi cynnig ar driniaeth endocrine er mwyn lleihau'r tyfiant a gweld pa ganlyniad a ddaw.

Rydw i wastad wedi bod yn berson pragmatig a hyblyg ac roedd y llwybr hwn yn siwtio fy meddylfryd i ar hyn o bryd.

Roedd yn rhyddhad derbyn y nodyn doctor ganddi oedd yn argymell yn gryf fy mod i'n lleihau fy oriau gwaith i ddeuddydd yr wythnos er mwyn cael cydbwysedd da. Wedi dwys ystyried, roedd symud y meddwl a'i gadw'n effro yn allweddol yn fy adferiad. Ond roedd gweithio'n rhan-amser yn rhoi cyfle i'r corff osgoi straen a phwysau diangen wrth ymroi'n llwyr i'r driniaeth.

Roeddwn yn gadael Llandochau yn dawelach fy meddwl. Doedd hi ddim eisiau fy ngweld i am ddeufis. Roedd hynny'n galonogol. Yr ymrafael nesaf i mi fyddai peidio â theimlo'n euog am beidio â gweithio. Poeni am fod allan yn cerdded yn yr awyr

iach, sipian coffi neu gwrdd â ffrindiau sydd wedi ymddeol.
Ofn i bobl fy ngweld a dweud: 'Mae hi'n edrych yn ffein.
Pam nad ydy hi yn y gwaith?'

30 Ebrill

Ffoi am benwsnos Gŵyl y Banc i'r Cnap yn y Barri at Gwenno.
Nefoedd ar y ddaear. 'Rho dy slipars ymlaen. Ista fan yna. A dwi
ddim isio i ti wneud dim!' Macrell, tatws yn y popty efo chorizo
a salad gydag afocado. A chrymbl ffrwythau bendigedig.
A gwydriad braf o Merlot fel mêl gydag o. Erbyn naw, fflagio
ac fel golau cannwyll yn diffodd, doedd dim egni ar ôl.

'Fyny i'r ciando 'na rŵan ac fe ddo i â photel dŵr poeth
i ti a the camoméil a mêl.'

A finnau'n cysgu fel top yng nghlydwch y gwely mwyaf
cyfforddus a chlyd.

MAI 2021

1 Mai

Doedd dim cynlluniau cadarn ddydd Sadwrn heblaw am ymlacio a
mwynhau'r heulwen cynnes. Wedi brecwast iach o granola cartref,
llaeth cnau coco a mafon, roeddwn yn barod am dro braf draw
i Ynys y Barri. Doedd dim un ennyd lle nad oedd sgwrs. Arwydd
o gyfeillgarwch arbennig. Pasio Amusements *Gavin & Stacey* a
phrynu coffi mewn caffi ar y ffrynt. Roeddwn wedi anghofio am
fy nghyflwr. Anghofio amdanaf fi fy hun. Wedi ymlacio'n llwyr.

Dychwelyd i gyd-goginio granola 'i ti fynd efo ti adre' ac ychydig i'r ymwelwyr yn Y Sied, Airbnb moethus Gwenno yng ngwaelod yr ardd lle bu stiwdio recordio Sbardun erstalwm. Wrth i'r granola rostio, rhostio tomatos mewn garlleg, olew a theim i ginio. A gwydriad o win gwyn oer yn sych a pherffaith. Y granola mewn bocsys ffoil yn barod a Gwenno'n methu eistedd ac yn dechrau gwneud fflapjacs mafon. Cael awr hyfryd yn yr ardd yn darllen *Rhedeg i Parys* Llwyd Owen. Roedd hi wedi bod yn anodd cael gafael ar ddarllen er mwyn pleser ers sbel – y meddwl yn rasio, y canolbwyntio'n wael. Ond ymgollais yn llwyr rhwng y cloriau a gorffen y nofel erbyn y noson honno. Cracyrs a chaws bendigedig yng nghwmni *Noson Lawen* o Geredigion.

2 Mai

Diwrnod braf arall. Gwenno wedi rhedeg 5k cyn brecwast. Pryd faswn i'n gallu ailafael yn fy nghynllun ymarfer oedd wedi rhoi cymaint o bleser i mi? Smwddi llus, banana a sbinaetsh heddiw. 'Ie, fyddi di fel bionic woman yn mynd o 'ma.' Roedd Mari'n dod atom am swper y noson honno felly i ffwrdd â fi i brynu pysgod ar gyfer y linguine.

Pan ddes i'n ôl roedd gwesteion yr Airbnb wedi ymadael a Gwenno wedi stripio'r gwely dwbl yn barod. Roedd hi fel peiriant, a threfn glir wedi ei gosod er mwyn paratoi'r Sied ar gyfer y gwestai nesaf. Ymunais yn y ddefod. Dillad newydd ar y gwely, rhai cotwm gwyn wedi'u smwddio'n berffaith. Y gobennydd yn ddau gopa godidog ar y campwaith llyn llefrith o wely. Minnau'n hwfro, Gwenno'n llnau'r bathrwm. Llenwi'r ffrij fechan â dŵr, llaeth a chaniau o San Pellegrino. Polish dros y topiau ac awyru'r holl le â ffenestri ar agor led y pen.

Salad tomatos, mozzarella, afocado a bara cartref i ginio o dan y parasól. Nefoedd ar y ddaear. Yr haul yn gwenu a minnau'n eistedd yn yr ardd lewyrchus fendigedig a darllen y papur Sul. Y dillad gwely'n bolio ar y lein a cherddoriaeth Dire Straits yn atseinio o'r gegin.

Ymunodd Mari â ni yn yr ardd am wydriad o rosé pefriog i'r llwncdestun, 'Ymlaen â ni!' Y sgwrs yn felys a'r linguine bwyd môr yn fendigedig o gyfoethog a sawrus. Roedd hi'n 9 cyn i ni droi a noson hyfryd gyda ffrindiau arbennig wedi ei rhannu. Gwyddwn fod hyn yn anodd iawn i Mari. Roedd hi wedi bod gyda fi drwy bob storm bersonol hyd yn hyn. Ond roedd fy niagnosis i yn dod â sawl atgof anodd yn ôl iddi hi. Collodd ei mam i gancr yr ofari yn 69 mlwydd oed. Ac yn y geiriau nad ynganwyd roedd cyfrinach ei gofid a'i phryder hi am fy nhynged i.

Roedd Bae Colwyn ar raglen *Cynefin* ac roedd arna i ofn mawr y byddai hiraeth yn fy mrathu. Ond nid felly y bu. Nid Bae Colwyn fy magwraeth a welais. Doedd yr eitemau ddim yn dod â sentiment, efallai gan taw'r bobl a'r profiadau a ges i yn ystod fy magwraeth yr oeddwn yn hiraethu amdanynt. Trwmgwsg a'r te camoméil yn gwneud y tric unwaith eto.

3 Mai

Roedd gan Gwenno ddosbarth pilates am 10:15 felly gadael wedi brecwast oedd y cynllun. Smwddi maethlon, granola a phaned o de cryf. Penwsnos o ddadebru, o anghofio ac o gael fy sbwylio. Allwn i fyth ddiolch digon iddi. A theimlwn mor ffodus ei bod wedi dod i mewn i fy myd.

Troi'r car am Ganolfan Arddio Pugh's yn y Wenfo ar y ffordd adref i brynu planhigion. Prynu llond troli ac wrth adael agorodd y nefoedd. Ond plannu oedd raid pan ddaeth hanner awr o awyr las. Dwy lili gringoch wrth y drws ffrynt i groesawu pawb. Llwyn Acer cringoch yn y border cefn a begonias pinc llachar yn y potiau.

Llwyddais i blannu popeth cyn
i'r dilyw daro. Dydd mwll, llwm
a gwlyb. Roeddwn yn falch iawn
o gwmni Catrin a Mali'r ci i
fynd am dro yn y glaw. Roedd
mudandod y tŷ a'r diffyg cwmni
wedi fy ergydio am ychydig cyn
i Catrin gyrraedd gyda phaned
o goffi latte yn ei llaw i mi. Tydi
eistedd adref yn hel meddyliau
ar ddydd glawog ddim yn llesol
imi. Bydd hi'n dywydd gwell fory,
siawns. Mae hi'n fis Mai, wedi'r cwbl.

4 Mai

Gosod y neges 'Out of office' ar fy e-bost atebion otomatig:
'Dydw i ddim ond yn gweithio ar ddyddiau Llun a Mawrth ar
hyn o bryd, felly cysylltwch â'm rheolwr llinell os oes gennych
fater sydd angen sylw brys.'

Gweithio'n rhan-amser. Y nodyn gan yr arbenigwr yn argymell
'part-time work, due to fatigue and stress of the diagnosis'. Chefais
i erioed gyfnod mamolaeth, felly roedd gweithio'n rhan-amser
wedi 32 mlynedd ddi-dor o weithio yn brofiad anarferol a rhyfedd
i mi. A fyddwn i'n gallu disgyblu fy hun i beidio edrych ar e-byst?
A faswn i'n teimlo wedi fy ynysu a'm datgysylltu oddi wrth y
gwaith? A oedd peryg i mi golli cymhelliant? Roedd cynllunio

rhywbeth neis i'w wneud bob dydd wedi dod yn gyngor ar gerdyn a gefais gan Eryl, hen ffrind teulu ers dyddiau Bae Colwyn oedd yn mynd drwy'r un salwch â mi. Dwedodd rhywun wrtha i y byddwn yn ailgysylltu gyda sawl un yn ystod y daith hon oherwydd tynged debyg. Ac roedd Eryl yn un ohonynt, un a fu'n gysur mawr i mi wrth esbonio sawl term a sawl ffactor nad oeddwn wedi gallu eu llyncu'n llwyr. Felly tasgau'r wythnos:

- Dadrewi'r rhewgell
- Gwneud myffins llus i'r gweinidog, oedd yn galw am baned
- Plannu calla lillies yn y potiau wrth y drws ffrynt
- Mynd i Ganolfan Arddio Pugh's yn Radur i nôl potiau newydd a llwyni Acer
- Gwneud smwddis yn fy Nutribullet newydd
- Prynu jîns maint 10 gan fy mod i wedi colli tipyn o bwysau'n ddiweddar
- Gwneud cyri sbinaetsh a butter bean o'r llyfr ryseitiau *The Happy Healthy Plan*
- Gwahodd ffrind i'r ardd am Prosecco nos Wener wedi oriau ysgol
- Defnyddio'r holl nwyddau wyneb Liz Earle a gefais ar fy mhen-blwydd
- Mynd â ffrind allan am ginio Sadwrn i ddiolch iddi am yr holl brydau bwyd ffantastig dwi wedi eu cael ers deufis
- Dechrau gwylio *Line of Duty* o bennod gyntaf y gyfres gyntaf
- Cinio Sul draw yn nhŷ fy nghyfnither.

Roeddwn wedi cael wythnos gynhyrchiol a fu'n hwb ar sawl lefel. Roedd y cydbwysedd wedi bod yn berffaith i symud y meddwl a chadw'r ymennydd yn effro. Ond yn rhoi cyfle i mi gamu'n ôl a myfyrio ar be mewn gwirionedd sy'n bwysig. Yn ddyddiol, deffrais gan ddiolch am bopeth. Fu carpe diem – dal ar y cyfle – erioed mor berthnasol ag yr oedd o rŵan. Sefais o flaen degau o blant yn pregethu am bwysigrwydd byw pob dydd a blasu pob diferyn. 'We forget that waking up each day is the first thing we should be grateful for,' chwedl rhyw awdur anhysbys. Roedd ystyried dyfyniadau myfyrdodol ar y we yn ogystal â'r weddi wythnosol yng ngwasanaeth Zoom y capel wedi dechrau dod yn gysur mawr. Roedd popeth rywsut yn cymryd gogwydd gwahanol erbyn hyn.

11 Mai

Diwrnod digon fflat heddiw. Dyma'r tro cyntaf i mi deimlo nad oedd gen i reolaeth dros bethau. Dim rheolaeth dros fy iechyd. Dim rheolaeth dros fy ngwaith. Dim rheolaeth dros sut oeddwn i'n teimlo. Toeddwn i ddim yn hoffi'r teimlad hwn a minnau wedi llwyddo i reoli pethau ar hyd fy mywyd. O weithio'n rhan-amser teimlwn fel petawn i'n dechrau rhyw brosiect ac yna'n gorfod gollwng gafael arno. Roeddwn wedi dechrau teimlo'n rhan ddigon dibwys o'r gweithle – popeth yn carlamu ymlaen o fy nghwmpas a minnau'n troi yn fy unfan.

Daeth symptomau newydd slei i'm herio'r wythnos hon. Penysgafnder. Teimlo'n sic a phoen fel dannoedd yn fy mron. Dyma'r tro cyntaf i mi feddwl bod sgileffeithiau o fod ar y

Tamoxifen. Gwglo yn syth er mwyn cael cadarnhad ei bod hi'n naturiol i mi deimlo'n benysgafn ac fel petawn i am daflu i fyny. Gorfodi fy hun i lyncu smwddi llus a mafon. Hwnnw'n codi gwynt arna'i a chnoi yn fy stumog drwy'r bore. Am y tro cyntaf, bu'n rhaid i mi ildio ac eistedd yn dawel nes i'r pwl basio. Roedd Vicky wedi prynu copi o *Matilda* gan Roald Dahl i mi gyda darluniau hyfryd gan Quentin Blake ynddo. Pan ges i fy niagnosis, addewais y byddwn yn darllen mwy ac roedd *Matilda* ar fy rhestr. Efallai gan fy mod eisiau ffoi'n ôl i gysur a chlydwch y teimlad yna o fod yn saff yn blentyn. Bu *Charlie and the Chocolate Factory* yn goflaid gynnes o ddyddiau ysgol gynradd wedi i mi ymadael â chlasuron Enid Blyton.

Oedd, roedd hiraeth wedi dod i fy mrathu yr wythnos hon hefyd. Hiraeth am gael Dad yma efo fi i ddweud, 'Fe fyddi di'n iawn, Rhi.'

Roedd Elin, fy nith, ar ei ffordd i lawr i aros efo mi am rai dyddiau. Byddai angen gwisgo'r masg positif rŵan. Cuddio'r ysictod ac ymgolli yn ei hanesion, ei straeon a'i chyffro hi wrth wynebu'r misoedd nesaf yn Seville.

Wythnos olaf Mai

Doeddwn i ddim wedi siarad gyda fy meddyg teulu ers i mi fynd ati fis Chwefror ar ôl canfod y lwmp. Roeddwn yn teimlo rheidrwydd i'w ffonio, er y gwyddwn y byddai'r broses o gael apwyntiad fel camu drwy driog. Wedi'r camau o esbonio pam fy mod i eisiau siarad â hi, cafwyd slot. Byddai hi'n fy ffonio fore Gwener rhwng 8:30 a 9:30.

Bu'r wsnos hon yn well na wsnos dwytha – ar y cyfan. Daeth rhyw symptomau newydd eto fyth. Cosi dragywydd yn fy 'siop fach', fel y byddai Dad yn ei galw. Roedd rhaglen Davina McCall wedi siarad llawer am 'vaginal soreness and dryness'. Wel, hei – bingo! Daeth y cosi tragywydd a'r llosgi i'm canlyn. Yn fy ngwewyr, meddyliais y byddai plastro Sudocrem yn lleddfu'r boen. Dyna oedd pobl yn ei roi ar ben-ôl babis pan oedd rash ganddynt. Llwyddais yn fy nisberod i wneud y broblem ganmil gwaeth. Fe sychodd y trwch hufennog y siop fach a'm gwneud yn fwy anniddig fyth. Chawn i ddim cymryd yr hufen oestrogen gwyrthiol yr oedd Davina'n ei drafod ar ei rhaglen *Sex, Myths and the Menopause*. Roeddwn yn ffyddiog y byddai sgwrs gyda'r meddyg yn fy nhawelu. Daeth yr alwad am 9:20. 'How can I help you?' oedd y cyfarchiad. Yn sydyn teimlwn yn chwithig a lletchwith yn gorfod ymbil am atebion i'm holl ofidiau. Synhwyrais ei bod yn darllen fy nodiadau ar y sgrin wrth i mi siarad. 'Gosh, you have been through the mill, recently,' oedd y sylw. Cafodd grynodeb a nodais 'mod i'n bryderus am boen yn fy ochr oedd wedi bod yn fy mhoeni ers deufis. Gan nad oedd dim wedi dangos ar y sgan CT, roedd rhyw dderbyn ganddi taw fel 'na roedd hi.

Teimlwn yn gwbl ddiymadferth. Dwedais yn blwmp ac yn blaen, 'I am not a hypochondriac, but I know there's something not right.' Heb fawr o gydymdeimlad, cytunwyd y baswn yn cael profion gwaed ar y Llun canlynol i weld a fyddai rhywbeth yn dod i'r amlwg.

Roedd mynd i'r syrjeri fel byrddio'r *Marie Celeste*. Dim un adyn yno. Ymwrolais i holi'r nyrs a faswn i hefyd yn gallu rhoi

sampl dŵr. Teimlwn erbyn hyn fod yn rhaid i mi drio datrys
fy anhwylderau fy hun. Bod yn rhagweithiol. Bron nad oeddwn
i'n teimlo fel pe bawn i'n ymddiheuro am holi am gymorth gan
weithwyr y gwasanaeth iechyd. Doeddwn i ddim wedi teimlo'r
un annifyrrwch o gwbl yn yr ysbyty. Doedd dim yn ormod o
drafferth iddyn nhw yno ac roeddwn yn teimlo bod fy iechyd
a'm lles i'n flaenoriaeth iddynt.

MEHEFIN 2021

1 Mehefin

Daeth yr holl ganlyniadau profion gwaed yn ôl yn glir.
Y blood count yn iawn, lefelau siwgr a cholesterol wedi
gostwng i 4.3. Roedd y doctor siaradodd gyda mi heddiw yn
gwbl hyfryd. Ystyrlon. Cefnogol ac anogol. Holais beth oedd
lefelau cholesterol da: 4, mae'n debyg. Ond roedd hi wedi
ymchwilio i'r tebygolrwydd y cawn i gymhlethdodau efo'r galon
gyda cholesterol o 4.3. Y canlyniad oedd 2.9%. Gallwn gysgu'n
esmwyth gyda chanlyniad felly. Dwedais fod y poenau yn fy
ochr a gwaelod fy nghefn yn fy mhryderu. Pelydr-X oedd yr unig
opsiwn arall i mi. Wedi ymchwilio fy hun, fe welais fod poenau
cymalau a chyhyrau hefyd ymhlith sgileffeithiau cyffredin y
menopôs. Doedd hyn ddim yn bicnic! Y rhwystredigaeth fwyaf
oedd na allwn gymryd dim gyda'r Tamoxifen i leddfu symptomau'r
menopôs rhag peryglu gwaith llesol y cyffur.

Penderfynais fynd am sesiwn reflexology. Roeddwn wedi bod yn mynd yn achlysurol, ond eleni roeddwn wedi ymatal rhag trefnu sesiwn. Bu'n awr ddiddorol iawn a llawer o gynghori cynnil wrth dylino'r traed. Roedd argraffiadau cyffredinol David yn gadarnhaol iawn. Soniwyd dipyn yn y gorffennol am y ffaith fod diffyg cydbwysedd mawr rhwng fy 'fight' a'm 'flight mode'. Fy mod i'n gyson ar overdrive, fel petai. Rhwng Covid, gofalu am Mam ar ôl iddi gracio'r ffibia, yna ei chryfhau hi wedi helynt y diverticulitis, prin fu'r cyfle i hunanofalu. Ers gostwng fy oriau gwaith, mynd i'r gwely'n gynt a phwyllo, roedd e'n gweld yr agwedd hon yn llawer gwell gen i.

Cawsom sgwrs hir am gyfnodau heriol mewn bywyd. Sut mae rhywun yn tyfu a chryfhau wrth wynebu'r heriau. Sut mae blaenoriaethau'n newid. Yn sicr, roedd gyrfa wedi bod yn hollbwysig i mi erioed. Roeddwn wedi gadael Ysgol y Fro ers tair blynedd bellach ac yn gweithio fel AEM yn Estyn. Bywyd o deithio o fan i fan, ymweld ag ysgolion ar hyd a lled Cymru. A byw allan o gês yn reit aml. Ond swydd freintiedig oedd wedi ehangu gorwelion a rhoi cyfle i mi weithio gyda nifer o bobl arbennig iawn. Ffrindiau oedd wedi dod yn graig ers y storm

ddiweddar hon. Doedd dim llawer o segura wedi bod na thynnu'r droed oddi ar y sbardun ers blynyddoedd. Efallai fod angen i mi nawr newid fy ffocws a rhoi fy iechyd yn gyntaf.

Roedd y cyfnod yma'n codi llawer o gwestiynau. A oeddwn i eisiau mynd 'nôl i aros mewn gwestai a chrwydro Cymru yn arolygu ysgolion? A faswn i'n gallu mynd 'nôl i weithio mewn dull mor ddwys â hynny eto? Roedd pedair blynedd o forgais ar ôl a doedd y rhyddid hwnnw i leihau oriau gyda llyffethair y morgais ddim yn opsiwn chwaith. Roedd pethau fel hyn yn gwasgu. Sawl gwaith y clywais i rywun yn dweud yn y gorffennol 'heb iechyd, heb ddim'? Doedd gen i ddim amgyffred o arwyddocâd y geiriau yn y gorffennol. Ond rywsut, roedd popeth yn fwy bregus bellach. Yn fwy ansicr. Roeddwn wedi colli hyder yn fy nghorff. Gyda phob gwayw, pob penysgafnder, pob cymal poenus, roedd amheuon yn cyniwair. Yn fy neffro yn y nos. Yn gymylau duon. A fyddwn i fyth yn holliach eto?

Ces lyfr arbennig yn anrheg gan Eleri Celf, ffrind ers dyddiau Llanhari, sef *I Shall Not Hate* gan Izzeldin Abuelaish. Ynddo, ceir hanes gonest a hynod ddirdynnol am feddyg Palesteinaidd ac arbenigwr anffrwythlondeb a fagwyd yng ngwersyll ffoaduriaid Jabalia yn Gaza. Mae'n stori am ei frwydr i gael heddwch a chyd-fyw cytûn heb ryfel rhwng y Palestiniaid a'r Israeliaid. Er iddo golli tair o'i ferched yn Ionawr 2009 oherwydd ffrwydriadau o danc Israelaidd, mae'n dal i daeru, 'I shall not hate.'

Roeddwn yn gallu uniaethu â'r geiriau yn ei epilog: 'I believe that Einstein was right when he said life is like riding a bicycle: to keep balanced, we must keep moving. I will keep moving, but I need you to join me in this long journey.'

Roeddwn yn gwybod bod sawl un yn cyd-gamu, cyd-deithio a chyd-ddyheu gyda mi at ddiwedd y daith igam-ogam roeddwn arni ar hyn o bryd. Roedd hynny'n deimlad mor braf.

Diwedd hanner tymor Sulgwyn

Doedd y boen yn fy ochr ddim yn lleddfu. Roeddwn yn deffro bob bore gan weddïo y byddai'r cnoi parhaus yn fy ochr wedi cilio. Ildiais i gymryd Ibuprofen bob pedair awr. Ac fel tonnau'r môr yn torri ar draethell, roedd y cyfnod rhwng y ddos nesaf yn sicr yn fwy gostegol. Erbyn bore Gwener, a minnau ar effro ers 4 o'r gloch, penderfynais fod yn rhaid ffonio'r doctor y peth cyntaf. Roeddwn yn casáu'r rigmarôl o ffonio'r syrjeri. Y teimlad 'na eich bod chi'n niwsans. Yn boen. Roeddwn wedi dysgu'r tric erbyn hyn o ddyfynnu geiriau'r doctor dwytha i mi siarad ag o, er mwyn cael rhyw ddilyniant. Addawyd y byddai doctor yn fy ffonio'n ôl.

'Yes, how can I help you?' Doedd y cyfarchiad ddim yn tawelu fy mhryderon. 'I am not a hypochondriac,' atebais, 'but, obviously after my recent diagnosis, all kinds of thoughts are going through my mind.' Credaf iddi synhwyro fy mod ar ben fy nhennyn. Tri mis o ddioddef y boen hon a dim ateb yn dod o unman. Yn sicr, roedd rhyddhad fod y sgan a'r gwaed yn glir. Ond eto, doedd dim ateb i'r cnoi parhaus 'ma oedd yn dwyn fy nghwsg.

'At times, there are pains that we all just have to live with.'

Rili? Doedd hyn ddim yn gysur. Cytunodd i'm gweld am 4 i'm harchwilio. A dyna fu. Gorwedd ar wely'r doctor oedd wedi archwilio fy lwmp dri mis yn ôl. Y meddyg oedd wedi anfon y cais am famogram i Landochau.

O symud y goes dde a gwthio a thynnu i bob cyfeiriad, roedd hi o'r farn taw problem gyda'r cymalau oedd gen i. Pelydr-X i'w drefnu ac argymell fy mod yn mynd i weld ffisio da. Yn sicr i chi, roeddwn yn dechrau teimlo fel hen groc a phopeth fel petai'n dechrau datgymalu.

Es draw i dŷ Nia a Geraint am farbeciw ac anghofio am y boen a'r cancr am rai oriau. Bwyd bendigedig, yr haul yn gwenu a gwydriad o win gwyn yn falm.

Yr hyn sy'n rhyfeddol drwy'r cyfnod hwn ydy bod pawb yn dweud fy mod i'n edrych yn dda. Diolch byth am golur ac ychydig o liw haul potel – maen nhw'n cyflawni gwyrthiau i mi ar hyn o bryd.

Ail wythnos Mehefin

Cael cyfle i fynd 'nôl i wneud rhywbeth normal heddiw. Mynd i'r sinema i weld y ffilm *Dream Horse*. Roeddwn yn ffrindiau mawr gyda rhieni'r cyfarwyddwr, Euros Lyn. Eistedd mewn oriel sinema ac wyth arall yn bresennol. Fe'm hudwyd. Ymgollais. Sôn am ffilm i godi calon. Roedd y cymeriadau'n fendigedig a'r actio'n wych. Hoffais y ffaith fod yr elfennau Cymreig wedi'u plethu mor gynnil a chelfydd drwy'r holl ffilm. Fe chwarddais. Ond fe gollais sawl deigryn yn ystod y ddwy awr. Roedd rhyw gynhesrwydd saff wrth ei gwylio hi. Gadewais wedi cael y 'feel good factor' yna y mae ei fawr angen arna'i ar hyn o bryd.

9 Mehefin

Y galon yn suddo eto bore 'ma. Galwad gan Track & Trace yn dweud fy mod wedi bod mewn cyswllt gyda rhywun sydd wedi profi'n bositif. Teimlais yn swp sâl. Trefnu prawf yn y drive-in yn Leckwith yn syth. Bron â thagu wrth stwffio'r wifren blastig o gylch fy nhonsils ac i fyny fy nhrwyn. Wrth edrych ar fy nghymdogion yn eu ceir yn y stadiwm, fe'm sobrwyd. Roeddem bellach yn byw mewn byd lle nad oedd hi'n saff inni fwynhau dim o freintiau rhyddid ein gorffennol. Ai fel hyn fyddai'r dyfodol? Galwadau cyson pan fyddwn wedi bod mor anffodus â bod yn y lle anghywir lle mae'r Covid wedi cydio? Croesi popeth oedd gen i y byddai'r prawf yn dod 'nôl yn negyddol. Neu byddai goblygiadau mawr i 'nghynlluniau i fynd i fyny at Mam ddydd Gwener.

11 Mehefin

Haleliwia – canlyniad negyddol! Teimlo weithiau fod y peli yma'n cael eu tasgu ata i o bob cyfeiriad a minnau'n eu hosgoi neu'n cael fy sbydu ganddynt. Taith o bum awr i fyny'r A470. Y traffig yn erchyll a chyrraedd Dolgellau'n teimlo fel taith awyren i Efrog Newydd. Radio Cymru'n gwmni ar y ffordd a minnau'n gwneud rhestrau yn fy mhen. Byddai angen siopa bwyd wedi cyrraedd. Yr uchafbwynt fyddai cael mynd i Waitrose a gloddesta ar eu pysgod ffres. Byddai angen newid dillad gwely Mam, eu golchi a'u smwddio. Roeddwn wedi archebu lle ym mwyty Bryn Williams ym Mae Colwyn ar gyfer amser cinio ddydd Sadwrn. Cyfle i Mam gael gweld Anti Mair, ffrind bore oes, am y tro cyntaf ers deg mis. Ond roeddwn wedi gwneud bwbw! Roedd y bwrdd am 1 y pnawn yn cyd-daro gydag amser gêm Cymru yn erbyn y Swistir yn yr Ewros. A 'mrawd yn sylwebu arni. Diolchwn y byddwn yn clywed yr ail hanner – ar binsh.

Wedi cyrraedd ar ôl y marathon, cael croeso mawr a choflaid fawr, dynn gan Mam. Ar ôl paned o goffi, deall nad oedd yr hwyliau'n wych. Roedd clwyfau ar ei choes chwith a'r rheini'n boenus ac wedi bod yn rhedeg ers rhai dyddiau. Roedd angen ffonio'r syrjeri'n syth a gweld doctor. Dydw i ddim yn siŵr be fydd yn fy wynebu'r wythnos hon eto. 'Un dydd ar y tro!' Diolch byth am gwmni Elin a Tomos i godi'r ysbryd a newid y sgwrs.

Cwrs wythnos o antibeiotics a newid dresin ar y goes yn gyson. Roeddwn i'n reit betrus am y chwydd a'r clwyfau oedd yn amlwg wedi'u heintio. Croesi popeth y byddai'r cyffuriau'n dofi'r haint yn reit sydyn.

Bu'n wythnos braf adref. Setlo i awyrgylch ac amgylchedd gwahanol yn cymryd rhai dyddiau. Roeddwn yn ffodus fod cymaint o ffrindiau'n byw gerllaw. Ces sawl gwahoddiad am baned, gwydriad a swper yn ystod y pythefnos. Pawb mor garedig a gofalgar. Tydi'r de a'r gogledd yn ddim pellter erbyn hyn. Ac mae hi'n reit braf cael y gorau o'r ddau fyd. Mae'r golygfeydd o lannau'r Fenai yn gwbl arallfydol. Y llonyddwch yn braf a chael clywed Cymraeg naturiol a chyfoethog gan staff y siopau, y garej, bwytai a'r syrjeri yn fendigedig.

Bob bore byddwn yn pori drwy fy ffôn cyn wynebu'r dydd. Cael cysur mawr yn darllen cyfres o ddyfyniadau i ysbrydoli a chodi calon. Y gyfres o ddyfyniadau i hybu rhywun yn ystod dyddiau heriol yn taro deuddeg i'r dim bore 'ma:

- Gall popeth – a bydd popeth – yn newid
- Bydd wastad, wastad rywbeth i ddiolch amdano
- Bydd garedig â thi dy hun – dyna'r feddyginiaeth orau
- Bydd gryf pan wyt wan
- Bydd ddewr pan wyt ofnus
- Bydd wylaidd pan wyt fuddugoliaethus.

Yn ystod fy nghyfnod adref, trefnwyd aduniad criw coleg. Cwrdd yng nghaffi Inigo Jones ger y Groeslon a cherdded yn hamddenol ar hyd llwybr Lôn Eifion. Roedd bwrdd wedi'i drefnu i ni yn Pant Du, Pen-y-groes. Aduniad mwy sidêt nag arfer oedd hwn. Llai o slochian gwin a mwy o roi'r byd yn ei le yn yr awyr iach. Sawl un o'r criw wedi cael blwyddyn galed. Dwy wedi colli mam a neb ohonom wedi gallu eu gweld wyneb yn wyneb i gydymdeimlo.

Y sgwrs yn sicr yn wahanol i'r arfer. Ymddygiad plant ysgol ar ôl dychwelyd wedi'r Covid. Y menopôs a'i gybolfa felys o sgileffeithiau. Diffyg cwsg. Deiet. Cadw'n heini. A chyflwr iechyd rhieni'r criw a'r gofalon sy'n dod gyda rhieni'n heneiddio. Llun ar Facebook i gofnodi ei bod hi'n 35 mlynedd ers i ni gwrdd. A phawb dal yn ffrindiau agos.

Mae dyddiau fel hyn yn rhai i'w trysori, ac yn rhan o'r clytwaith cyfoethog o brofiadau sy'n cynnal.

27 Mehefin: dychwelyd i Gaerdydd

Daeth yr amser i ddychwelyd i Gaerdydd wedi pythefnos gyda Mam yn Sir Fôn. A dyddiad yr apwyntiad yn yr ysbyty ar y gorwel unwaith eto, doeddwn i ddim mor bositif am ddychwelyd y tro hwn. Efallai oherwydd profiad yr ychydig flynyddoedd dwytha 'ma o ddisgwyl y gwaethaf. Yna popeth arall yn fonws.

Daeth y fflyd o negeseuon, degau ohonyn nhw: 'Byddaf yn meddwl amdanat.' 'Pob dymuniad da i ti fory.' 'Gad i mi wybod sut aiff hi yn yr ysbyty.' Roedd y negeseuon bron yn dod â realiti'r dychwelyd i Landochau hyd yn oed yn fwy byw. Roedd deufis ers gweld pawb yn gyfnod hir.

28 Mehefin

Roeddwn wedi penderfynu mynd ymlaen gyda fy nghyfarfod gwaith Rheoli Perfformiad yn y bore. Symud fy meddwl at bethau eraill a dim trafod y salwch. Coffi, sgwrs a gwerthfawrogiad o 'nghyfraniadau yn y gwaith eleni. Roedd y rhestr o lwyddiannau wedi codi fy ysbryd.

Gwenno yn fy nghasglu am 1:15 ddechrau'r pnawn.
Roeddwn yn gorfod cael pelydr-X ar fy ochr yn gyntaf, yn deillio
o'r boen dragywydd oedd wedi bod gen i ers tri mis. Myfyrwraig
dan hyfforddiant oedd yn llywio'r broses hon. Fe gymerodd
bopeth fwy o amser oherwydd ei bod yn gorfod cael ei harwain
gan radiolegydd profiadol. I lawr y coridor wedyn i Uned y Fron.
Cofrestru. Eistedd. Gwenno tu draw i'r drws yn barod i mi ei
hysbysu pan ddeuai fy apwyntiad i.

Bu'r gofal a'r gwasanaeth yn ddi-fai hyd yn hyn. Ond roedd
nyrs hŷn ar ddyletswydd heddiw oedd yn edrych fel ei bod wedi
codi ar ochr anghywir y gwely. Fel hyn aeth ein sgwrs:

'Rhian Griffiths?'

'Yes, that's me. I'll just call my friend to tell her that we're
going in.'

Yn sych, swta a chaled daeth yr ymateb ganddi: 'Sorry.
Your friend can't come in with you.'

Roeddwn yn ddigon simsan fel ag yr oedd hi. Mentrais:
'She always comes in with me.'

A'r ergyd ddamniol: 'Things change here on a weekly basis.'

Eisteddais ar gadair blastig mewn stafell archwilio, y gwely
a'r sgrin yn rhythu arna i.

'You need to change into the gown and they'll be with you
soon. I'll check to see if you can bring your friend in.'

Gwaeddodd yn ddiseremoni: 'Can she bring her friend in
with her?'

Daeth ateb o'r coridor yn rhywle: 'Yes.'

Yn hanner gwylaidd, holodd: 'What's your friend's name?'

'Gwenno,' atebais.

'Sorry?'

'*Gwen-no.*'

Roeddwn mor falch o'i gweld yn dychwelyd gyda Gwenno i'm sadio.

Mae cael dilyniant yn y broses, gweld yr un wynebau, yn debyg i wisgo slipars neu sgidiau cyfforddus. Pan fydd unrhyw newid yn y drefn mae'r broses yn llawer mwy sigledig.

Agorodd y drws a daeth Jess, fy nyrs, i mewn gyda dynes anghyfarwydd. Cyflwynodd ei hun fel 'registrar' oedd yn dod i'm harchwilio gan fod Dr Lucy mor brysur.

Dyma fy ngwthio oddi ar fy echel yn syth. Wnes i ddim cuddio'r siom yn fy wyneb. Holodd: 'Do you think it's smaller? Softer?' Onid ei lle hi oedd dweud wrtha i? Ond doedd ganddi hi ddim byd i gymharu ag e gan nad oedd wedi cwrdd â fi o'r blaen. Doedd fawr o bersonoliaeth gan hon ac ychydig iawn o empathi. Doeddwn i ddim yn teimlo mewn dwylo saff.

Agorodd y drws a daeth Lucy i mewn. Fûm i erioed mor falch o weld rhywun.

'I'm so pleased to see you,' meddwn i. Ces fy archwilio a hithau'n ffyddiog fod y lwmp yn llai ac yn feddalach. Ond y cynllun oedd cael sgan er mwyn cael darlun llawn. Daeth yr ail ergyd nawr: radiolegydd newydd, heb wên a golwg galed arni. Eisteddodd ar erchwyn fy ngwely yn tylino'r peiriant dros fy mron. Yn y gorffennol, doedd Liz heb ddweud dim wrth edrych ar y delweddau ar y sgrin. Ond dechreuodd hon roi adborth i mi:

'The tumour appears smaller. But we can't be sure of what's going on around the tumour. This area now is much more prominent as the tumour appears to have shrunk. The nodes are much better.'

Roeddwn yn teimlo fel fy mod wedi cael fy mwrw gan fws. Roedd 'smaller' a 'larger' yn eiriau mor bwerus a llwythog o ystyr i mi yn y cyfnod hwn. Doeddwn i ddim yn deall byrdwn ei neges ac roedd panig wedi fy nharo erbyn hyn hefyd.

'Dr Lucy will be able to explain it much clearer to you, when she's examined the scans,' meddai.

Agorodd y drws eto ac yno roedd Lucy, Jess a'r registrar gyda'r ffeil frown oedd yn prysur dyfu gyda fy nghofnodion.

Ces wybod bod y düwch ar y sgan – hynny yw, y tiwmor – yn llai. Ond erbyn hyn roedd yr ardal oedd yn cael ei chuddio gan y tiwmor dri mis yn ôl yn amlycach.

'Can you show me what you mean?' gofynnais.

Gwenno a fi ar ein traed, stamp athrawon oedd eisiau'r wybodaeth yn glir a syml.

Tynnodd Lucy lun oedd yn ymdebygu i ddelwedd o lygad. Cannwyll y llygad oedd fy nhiwmor i, yr ardal o gylch hwnnw'n llwydaidd. Roedd hi'n arbennig o dda am ymateb i fy nghwestiynau. Clywais nad oedd ultrasound yn rhoi darlun cwbl glir a manwl. Roedd hi'n awyddus i fesur y tiwmor gyda thâp mesur a marcio'r ffiniau. Beiro Bic ar ochr fy mron. Tybiai ei fod erbyn hyn oddeutu 3cm. Roedd hi'n hapus fod y Tamoxifen yn gweithio a bod y cancr yn ymateb i'r driniaeth. Gofynnodd i mi roi fy mysedd ar y tiwmor i deimlo'i ansawdd a'i ddwyster. Yna ces deimlo'r cnawd o gylch y tiwmor a gweld bod y gwead yn fwy meddal a llac.

Ym marn Lucy, tishiw'r fron – breast tissue – oedd hwn.

Ond byddai'r sgan yn cael ei roi o flaen y prif radiolegydd yn
eu cyfarfod craidd fore Iau i gael ei barn hi am y cam nesaf i mi.

Roeddwn yn lled hapus wrth adael, a Gwenno'n hynod
ffyddiog fod y newyddion i gyd yn cadarnhau 'mod i'n ymateb
i'r driniaeth. Ond gan taw fy nghorff i oedd yn mynd drwy hyn,
roedd rhyw gwmwl arall wedi codi eto. Rhaid oedd aros tan
ddydd Iau rŵan, a disgwyl galwad ffôn i weld beth fyddai barn
yr holl arbenigwyr.

Mae 'hurdles' a 'rollercoaster' yn cyfleu y daith droellog hon
i'r dim. Does dim traffordd unionsyth wedi bod o'r dechrau.

1 Gorffennaf

Cyrhaeddodd technegydd BT am 8 o'r gloch y bore i edrych ar
gryfder y we newydd oedd wedi bod yn hynod oriog ers ei osod.
Cytuno i gael dau ddisg ychwanegol i roi hwb i'r 'hwb' newydd.
Cyrhaeddodd Adrian gyda dau bot blodyn hyfryd i mi, yn llawn
gwair llachar a blodau bychain piws. Bendigedig. Coffi sydyn ac
es ati i wneud cacen lemwn.

Wnes i ddim meddwl edrych ar fy e-byst tan amser cinio.
A dyna lle roedd e-bost gan Jess yn dweud eu bod nhw wedi
penderfynu yn y cyfarfod MDT – y tîm amlddisgyblaethol – fod
gwneud MRI yn syniad da er mwyn cael mwy o wybodaeth am
yr hyn oedd yn mynd ymlaen. Roedd gweld y neges ar e-bost yn

ymddangos mor ffurfiol, mor swyddogol. Torrais i lawr i grio. Doedd gen i ddim nerth i wynebu cymhlethdodau a throeon chwithig yn y rhaglen wella hon. Yn dilyn cyngor Gwenno, ffoniais Jess i gael manylion pellach.

Bu hwnnw'n benderfyniad doeth. Bu'n gysur cael holi a chlywed bod MRI yn mynd i roi darlun cliriach o ffiniau'r cancr a maint presennol y tiwmor cyn i mi gael lwmpectomi. Cadarnhawyd eu bod yn hapus gyda fy ymateb i'r cyffur a bod gobaith o gael llawdriniaeth efallai'n gynt nag a nodwyd yn y cyfarfod fis Ebrill. Roeddwn yn dawelach fy meddwl. Yn gweld synnwyr hynny. Ac yn derbyn, oherwydd fy oedran, fod dwyster tishiw'r fron yn ei gwneud hi'n anos mewn merched sydd ddim wedi mynd drwy'r menopôs i gael darlun clir o'r ultrasound.

Aros rŵan tan ddydd Mawrth i gael MRI am 1 o'r gloch. Ond byddai fy nghanlyniad yn cael ei drafod yn y cyfarfod MDT ddydd Iau nesaf. Roedd penwsnos llawn o fy mlaen, felly parcio hwn yng nghefn fy meddwl – hyd y gallwn.

MRI

Rwy'n gwybod rŵan pam nad oedd neb a wyddai fy mod i'n mynd am MRI wedi ymhelaethu llawer am y profiad. Yn fy naïfrwydd roeddwn i'n meddwl bod MRI yn debyg i sgan CT. Twnnel. Gorwedd ar fy nghefn. Drosto whap! Da ydy anwybodaeth weithiau, yntê?

'Nôl i Landochau, i Uned CAVOC – Canolfan Orthopaedig Caerdydd a'r Fro – y tro hwn. Popeth ar amser. Yn fy ngŵn cotwm gyda gŵn streipiog ar ei ben o i guddio fy ngogoniannau.

Methwyd ddwywaith â rhoi'r canwla i mewn yn fy mraich dde. Trio'r chwith a diolch byth, fe ildiodd y gwythiennau a llifodd y gwaed. Roeddwn i orwedd ar fy mol yn y twnnel hwn am hanner awr a botwm panig yn fy llaw, pe bai angen. Hanner awr! Rwy'n deall ar ôl bod drwy'r profiad sut mae pobl yn gorfod cymryd Valium cyn mynd i mewn i'r sganiwr hwn.

Sŵn annaearol drwy gydol y broses. Fy nghoesau'n cyffio. Y teimlad o fygu a minnau â 'mhen i lawr ar y gwely cul. Y teimlad mwyaf swrreal wrth i'r dŵr 'ma fynd i mewn i'r canwla. Roeddwn yn teimlo fel fy mod yn mynd i wlychu fy hun. Straffaglu oddi ar y gwely a theimlo'n ddigon penysgafn. Duw a wŷr sut mae pobl nobl neu fusgrell yn ymdopi gyda sgan fel hwn.

7 Gorffennaf

Roedd ffrind annwyl i mi yn hanner cant ddydd Sadwrn. Roeddem wedi ein magu'r drws nesaf i'n gilydd yng Nghroes Cwrlwys. Pan symudon ni fel teulu i Fae Colwyn, cadwodd y ddau deulu mewn cysylltiad. Yn wyrthiol, fe groesodd ein llwybrau eto gan i Angharad ddod yn athrawes yn Ysgol Gymraeg Bro Morgannwg. Merch annwyl, ddoniol a ffyddlon. Roeddwn eisiau trefnu syrpréis iddi, a the pnawn yn yr ardd oedd ar yr agenda.

Bûm wrthi drwy'r dydd yn pobi a chacl y pleser rhyfeddaf o fynd o un rysáit i'r llall. Brownies moethus. Cacen lemwn. Cacennau bach caws lemwn. Ac yn goron ar y cyfan gwnes gacen foron yn gacen pen-blwydd.

Cafodd hi sioc o weld criw o'i ffrindiau nad oedd hi wedi'u gweld ers blynyddoedd yn cyrraedd fesul un yn yr ardd. Ces innau gymaint o bleser o weld ei hapusrwydd ac o gael llond bol o chwerthin yn hel atgofion.

11 Gorffennaf

Roedd gen i sesiwn reflexology am 10 y bore. Cam call i lonyddu a thawelu cyn cael galwad o'r ysbyty. Roedd David wrthi'n tylino 'nhraed pan ddaeth y llythrennau arswydus yna ar fy ffôn: No Caller ID. Atebais, a minnau'n lled orwedd yn y gadair, a chlywed llais Lucy, y llawfeddyg.

Yn syml roedd yr MRI yn cadarnhau bod y tyfiant wedi lleihau i 32mm o'r 40mm gwreiddiol. Doedd dim arwydd o'r clefyd yn y fron chwith. Yn unol â sylwadau cychwynnol Lucy wsnos dwytha, tishiw'r fron yn ddwys oedd y ddelwedd ar yr ultrasound. Paratois fy hun at yr 'ond' – ac mi oedd un. Roedd yr MRI wedi dangos bod y lymph nodes yn 'enlarged'. Dyma fu'r achos fisoedd yn ôl pan fu raid cael mwy o biopsis. Roedd yr ultrasound wsnos dwytha wedi dangos eu bod nhw'n normal. Hynny'n gadarnhaol. Ond gan fod yr MRI wedi codi'r sgwarnog hon, byddai cael ultrasound arall yn beth doeth er mwyn gallu gwneud yn saff. Byddai hynny'n digwydd mewn pythefnos. Sôn am fod ar 'big dipper' – roedd fy stumog yn fy ngwddw. Roedd camfa arall ar y ffordd eto. Ond roedd hi'n hapus gyda'm cynnydd, ac yn dweud ei bod wedi bod yn gwirio'r e-byst am fy nghanlyniad drwy'r nos neithiwr. Daeth y canlyniad am 8 bore 'ma ac roedd hi'n ffonio am 10:30. Allwn i ddim holi am well gwasanaeth ac roedd ei dull anogol yn gysur mawr.

Ces hanner awr arall o drin fy nhraed a llwyddo i ymlacio. Awn adref a pharatoi fy llith i bawb drwy neges destun, cyn ffonio teulu a ffrindiau agosaf.

15-17 Gorffennaf: Tydrath

Mae gan Nia fy nghyfnither a'r teulu garafán yn Nhrefdraeth neu 'Dydrath' yn Sir Benfro. Minnau'n cael ffoi am ddwy noson gyda hi yno i drio anghofio ychydig am y byd a'i bethau. Lle nefolaidd ar y Parrog. Y tywydd yn fendigedig a Nia wedi mynd i gymaint o drafferth i sicrhau y byddwn yn ymlacio.

Bwrdd yn y pods y tu allan yn Llys Meddyg ar y noson gyntaf. Roedd hi bron fel bod mewn coedwig drofannol yn eistedd yn yr ardd. Y planhigion, y coed a'r blodau wedi'u plannu gan y perchnogion yn gynhwysion unigryw yn y coctel!

Yr eog wedi'i fygu ganddyn nhw. Yr holl awyrgylch yn berffaith
er mwyn anghofio amdanaf fi fy hun am ennyd.

Y bore canlynol, roedd Nia wedi bod allan yn rhedeg cyn i
mi godi. Brecwast hamddenol a mynd am dro i'r pentref. Siopau
crefftau, lluniau, bwydydd iach a sawl caffi moethus. Sipian ein
coffi a gwylio'r byd yn mynd heibio. Prynu brithyll wedi'i fygu
ar gyfer ein cinio a rosé bach ysgafn yn gwmni iddo. Roeddwn
wedi gwneud brownies moethus iawn i ni a'r rheiny'n hynod
gyfoethog a melfedaidd eu gwead. Roedd yn rhaid mynd am
dro wedyn a gweld Traeth Mawr o'n blaenau. Oedi am ychydig
ar y traeth bychan caregog a gwylio'r rhai oedd allan yn mentro
yn eu caiacs a'u canŵs! Choeliwn i ddim mor hudolus oedd y môr
a'r haul yn taenu ei lewyrch fel diamwntau bychan ar ei wyneb.
Er mor anesmwyth oedd y cerrig oddi tanom, fe lwyddodd y
ddwy ohonom i hepian cysgu am ychydig a llanw'r môr yn
llepian yn y cefndir.

'Nôl i'r garafán i ddarllen rhai o gyfrolau Llyfr y Flwyddyn
a brwydro gyda'm dagrau wrth ddarllen cyfrol Marged Tudur,
Mynd. Roedd y cerddi a groniclai'r profiad o golli ei brawd,
Dafydd Tudur, mewn damwain erchyll yn ingol. Gan fy mod yn
adnabod y teulu ers blynyddoedd, roedd darllen am y chwalfa
deuluol hon yn fwy cignoeth byth.

Wrth ffoi, mae'n rhaid dychwelyd bob tro. A dyna fu fy hanes
ar y bore Gwener. Stripio'r gwely, rhoi llyfiad go sydyn i'r stafell
ymolchi a chlirio'r ffrij. Bûm ym mharadwys am ddeuddydd
gydag enaid hoff cytûn. Wrth nesáu at Gaerdydd roedd rhyw
gwmwl fel pe bai'n llechu uwch fy mhen.

Yn ffodus, roedd Evan y gweinidog wedi fy ngwahodd am ginio i Landaf. Cyfle i ymgolli mewn sgwrs felys a chyfle hefyd i rannu rhai o fy ofnau. Wedi dychwelyd adref, cefais bwl o deimlo'n ddigon fflat. Roeddwn wedi cael fy rhybuddio gan ffrindiau sydd wedi brwydro'r cyflwr hwn fod poenau slei yn ymddangos yn gwbl ddirybudd yn y rhannau mwyaf dirgel o'r corff. Poenau sy'n peri i'r ymennydd chwarae triciau creulon iawn. Ers dychwelyd, roedd fy mron yn llawer mwy tyner a'r gofod o dan fy nghesail yn boenus. Roedd angen gwely cynnar arna'i. Fy ngwely fy hun a noson dda o gwsg. Roedd fory'n ddiwrnod arall ac mi fyddai pethau'n gliriach a llai cymylog i mi.

21 Gorffennaf

Diwrnod yr ultrasound. Dydd y farn. Doedd neb yn y stafell aros ond fi. Fi a'm hofnau. Fi oedd wedi paratoi fy hun at y newyddion gwaethaf. Wedi dysgu taw dyma'r ffordd orau i wynebu ofnau fel hyn. Mae popeth yn fonws wedyn pan ddaw newyddion da.

Ces fy nhywys at radiolegydd nad oedd yn gyfarwydd i mi. Gorweddais yn disgwyl fy nhynged wrth i'r peiriant dylino pob un modfedd o dan fy nghesail. Teimlai'r sgan fel oes a minnau'n syllu'n fud ar y nenfwd. Y nyrs hefyd yn fud, yn barod i basio'r tywel papur i mi er mwyn sychu'r gel oddi ar fy nghnawd.

'The nodes look completely normal,' meddai'r radiolegydd. 'You can go home now.'

Tydi 'rhyddhad' ddim yn cyfleu'r teimlad ar y funud honno. Roedd y mis dwytha wedi bod yn heriol yn seicolegol gan fod cynifer o gwestiynau ac amheuon wedi'u codi ar ôl pob sgan.

Pan ddaeth Jess i'r stafell aros i'm gweld, fe lifodd y dagrau'n hidl. Roedd yr holl straen wedi cronni a ffrwtian ers mis ac yn union fel pressure cooker, roedd yn rhaid i mi bellach ollwng stêm. Roedd gen i fis rŵan tan yr apwyntiad nesaf ar 24 Awst. Gallwn fwynhau fy seibiant. Crwydro i Ben Llŷn ac aros mewn pod yn Crasu Coed gyda Catrin Rich. Gwn y byddai hyn yn sbort ac y caem groeso anhygoel yno gan Nia Plas. Yna wsnos o grwydro gyda Mari. Noson yn y Cotswolds, dwy noson yn Lerpwl, noson yng Nghaer. A therfyn y daith ym Miwmares, cyn treulio pythefnos efo Mam. Roedd popeth yn gliriach rywsut, a minnau'n ysgafnach fy meddwl. Gallwn geisio anghofio am ychydig am y lwmp felltith.

Ond roedd y mis dwytha 'ma wedi tynnu'r stwffin allan ohona i. Roeddwn yn blino ar ddim ac yn eitha mwynhau fy nghwmni fy hun.

24 Awst

Daeth hi'n fis Awst cyn i ni droi. Yr haf wedi bod yn fendigedig. Roeddwn wedi llwyddo i weld sawl un a threulio amser gwerthfawr gyda nhw. Roedd trefnu carreg goffa i Dad yn dasg ddigon anodd. Roedd y gorchwyl hwn bron wedi cael ei roi o'r neilltu gan ei fod yn dyst i'r ffaith fod Dad wedi marw. Mam yn cael gafael ar raglen yr angladd a minnau'n cael gafael ar y deyrnged iddo.

Braf gallu trefnu'r garreg a siarad Cymraeg. Dwi'n ei gweld hi'n llawer haws trafod emosiynau yn y Gymraeg. Dewis carreg wenithfaen fel un Taid a Nain. Roedd dewis lle i osod y garreg wedi bod yn benbleth hefyd. Doedd gosod carreg lle y caen ni gysur o fynd ati ddim yn hawdd. Doedd dim mynwent yng Nghapel y Rhos, y capel a saif yn goffadwriaeth i'w ddawn bensaernïol:

Capel y Rhos

Y Capel hwn fe wn a wna gofeb
    gyfoes i holl yrfa
   un a welodd yng Ngwalia
   hawl i'w Dŷ i'r Bugail Da.

Y Parchedig John Owen

I gofio am Thomas Griffiths, Tom.
Ffrind triw a chymwynaswr i bawb.

Felly dyma feddwl am gael carreg y gellid ei gosod ar y marmor yn y fynwent yng Nghapel Hebron, Bryngwran lle mae Nain a Taid ar ochr fy mam wedi eu claddu. Yn y capel hwn y priododd Dad a Mam. Yno hefyd y bedyddiwyd Dylan a fi. Roedd Bryngwran yn agos at Lanfair felly roedd yn haws gofalu am y bedd a thendio arno. Wrth ddewis y garreg, nododd Mam fod eisiau sicrhau bod gofod digonol ar ei chyfer hi. Dyna oedd ysictod chwithig wrth geisio cadw fy emosiynau'n gudd. Wrth ddychwelyd i Gaerdydd roedd cysur o wybod bod y garreg wedi'i threfnu a bod mangre i ni fynd i gael hel ein meddyliau a theimlo'n agos ato fo.

Doeddwn i ddim yn nerfus am fynd i'r ysbyty ar y 24ain. Dwn i ddim pam. Ond roedd eistedd am awr a hanner yn disgwyl yn peri i mi ori unwaith eto. Roeddwn wedi paratoi fy hun yn seicolegol i dderbyn nad oedd y lwmp yn ddigon bach i'w dynnu ar hyn o bryd. Ces sgwrs hyfryd gyda dynes yn ei saithdegau o'r Barri oedd yn aros am ei hapwyntiad blynyddol. Yn famol a chynnes, fe lwyddodd i wneud i'r amser basio'n haws. Yn ddoeth yn ei dewis o gyngor a'r wên gynnes honno wrth i mi fynd i mewn: 'You'll be okay, love.'

Roeddwn yn falch o weld Lucy, ond gallwn weld y pantiau duon dan ei llygaid. Dim ond hi oedd ar ddyletswydd heddiw. Does fyth arwydd o gwyno nac o ddweud ei bod o dan y don. Edmygaf hynny ynddi.

Yn ffodus, doedd dim sgan heddiw, dim ond archwiliad gan Lucy.

'It's certainly softer. I'm glad we put a tracker in, because it's difficult to find the margins. Originally, it was as hard as a golf ball. But now the centre is much softer.'

Tynnwyd amlinelliad â beiro i fesur y lwmp a mesurwyd. Gan fod hwn wedi meddalu rŵan, roedd yn fwy fflat. Felly'n mesur yn lled debyg. Yn fy meddwl i roedd delwedd ohono fel rhyw amoeba erbyn hyn neu bothell fawr wedi i chi ei gwasgu.

Felly'r ddedfryd oedd parhau ar y Tamoxifen am dri mis arall. Ni fyddai llawdriniaeth cyn y Nadolig. Yn hytrach, yn fuan yn nhymor y gwanwyn.

Roeddwn yn iawn gyda'r newyddion yma. Doedd cael llawdriniaeth ym mherfedd Tachwedd ddim yn apelio. Tywyllu am dri, glaw a stormydd geirwon. O leia byddai'r gwanwyn o fy mlaen i nawr. Dyddiau wedi ymestyn a thywydd mwynach. Es oddi yno'n ysgafnach fy mryd. Tan fis Tachwedd pan fyddai fy apwyntiad nesaf.

MEDI 2021

Dechrau'r tymor

Am ryw reswm, meddyliais y baswn yn gallu ymdopi gyda mynychu pedwar diwrnod o hyfforddiant ar-lein yr wsnos hon. Hynny yn lle fy wythnos waith o ddeuddydd – roeddwn wedi ysgafnu fy llwyth gwaith ers sbel bellach. Roedd yn falans da o brocio'r meddwl a rhoi seibiant i'r corff addasu i'r cyffur a chryfhau. Eistedd, edrych ar sgrin a gwrando faswn i. Mae gen i gywilydd cyfaddef fy mod yn teimlo fel clwtyn llawr erbyn nos Iau. Doedd dim petrol ar ôl yn y tanc ac roeddwn wedi ymlâdd.

Ceisiais ddadansoddi pam y teimlwn y fath ludded a minnau'n arwain ar ddim. Roedd y cyfuniad o ganolbwyntio, cymryd nodiadau ar ran fy ngrŵp, cynnig sylwadau mewn grwpiau trafod a rhoi mewnbwn yn y sgwrs wedi fy llethu. Roedd yn gysur i glywed gan gyfeillion eu bod hwythau hefyd wedi blino'n rhacs erbyn nos Iau. A hwythau'n iach.

Parodd y lludded i mi deimlo pob math o emosiynau eraill. Methiant: allwn i fyth weithio mor gyflym ac effeithiol ag a wnes i yn y gorffennol. Ar yr ymylon: gwylio a gwrando a pheidio ag arwain ar ddim am y tro cyntaf mewn degawdau. Poen: y lwmp yn fy nghadw'n effro. Yn gwasgu. Yn gwingo bob tro dwi'n symud neu'n ymestyn neu'n codi rhywbeth. Colli cwmnïaeth a'r hwyl a'r afiaith o fod ynghanol torf yn hytrach na chyfarch drwy sgrin.

Ces sawl neges hyfryd yn dweud fy mod yn edrych yn dda. Edrych yn ffres. Edrych yn iach. Roedd y mwgwd wedi gwneud ei waith, a minnau'n simsanu llawer dan y darian ffug.

Does dim fel noson o gwsg i chwalu'r niwl a chodi'r caddug. Ac mi oeddwn yn teimlo'n fwy parod i wynebu diwrnod newydd ar y dydd Gwener. Uniaethais yn llwyr â'r dyfyniad gan Roger Lee: 'Nothing lasts forever. Just wait for what the future will bring, because for every end there is a NEW BEGINNING.' O beidio â chael saib am bedwar diwrnod, roedd popeth yn fwy dryslyd, cymhleth a chaled. Roeddwn yn cael fy atgoffa'n feunyddiol nad oeddwn i'n gallu cyflawni'r hyn a fedrwn i gynt. A oedd hyn yn deimlad fyddai'n para? Hergwd i mi ystyried beth fyddai fy opsiynau wedi'r llawdriniaeth?

Yr hoelen olaf oedd gweld cudynnau o wallt wedi cronni yng nghrombil plwg y gawod. Sobrais. Ac fy ngwallt i oedd hwn, neb arall. Cadarnhâi'r wybodaeth gyda'r Tamoxifen fod gwallt yn teneuo yn gallu bod yn sgileffaith o'i gymryd. Yn gwbl ddiarwybod i mi fy hun, bûm yn byseddu a swmpio fy ngwallt a chael fy siomi. Mi oedd yn deneuach a doedd yr un bywyd ddim ynddo.

Roeddwn wedi rhoi trît i mi fy hun sef prynu sychwr gwallt Dyson, un oedd i fod i roi bywyd newydd i rywun â gwallt tenau. Dylai olchi fy ngwallt drosta i am y pris dalais i amdano! Byddai'n rhaid meistroli'r offer cyrlio arno'n reit handi i weld a fyddai haenau o fywyd cudd yn ymddangos yn y cudynnau hesb.

Roedd wythnos nesaf yn mynd i fod yn stori arall. 'Nôl i ddeuddydd a cheisio cael gwell cydbwysedd rhwng gwaith, ymlacio a delio â hyn i gyd.

Dechrau digon di-hwyl i'r wsnos. Homar o gur pen. Doedd hyn ddim yn argoeli'n dda. Roeddwn wedi cymryd co-codamol yn y gobaith y byddai'n lleddfu'r boen. Yn ffodus, roeddwn yn cwrdd â Richard Thomas amser cinio i fynd am dro. Mae Rich yn ffrind coleg i 'mrawd ac yn gydweithiwr i mi yn Estyn. Ac yntau'n byw wrth ymyl y parc, mae'n ffrind da i symud meddwl. Mae'n cerdded fel milgi, ac roedd fy nghamau breision yn llyncu llwybr caeau Pontcanna. Roedd y sgwrs a'r cwmni'n felys. Am 2 o'r gloch, roeddwn wedi trefnu massage oncology ym Mhontcanna. Dyma'r driniaeth hyfrytaf i mi ei chael erioed. O'r funud y dechreuwyd tylino fy nhraed ag olew sidanaidd, ces fy nhywys i lecyn arall yn fy meddwl.

Roedd clymau poenus yn fy sgwyddau a'r rheiny'n crensian wrth i Amanda wasgu ar bant fy sgwyddau. Cafodd pob rhan o'r corff sylw a llwyddais yn wyrthiol i anghofio am y byd a'i bethau. Wrth adael yr adeilad, teimlwn yn ysgafnach ac yn esmwythach. Yn bwysicach, roedd y cur pen wedi codi a doedd fy llygaid ddim bellach yn glwyfus.

Roeddwn wedi trefnu i fynd i'r swyddfa ddydd Mercher a dydd Iau i gynorthwyo gyda sesiynau mentora i'r staff newydd. Dyma'r tro cyntaf mewn deunaw mis i mi wneud unrhyw weithgaredd gwaith yn y cnawd. Roedd hi'n braf bod 'nôl a chael rhyngweithio â chyfeillion ac aelodau newydd o staff wyneb yn wyneb. Does dim teimlad tebyg i gael ymateb uniongyrchol, cyswllt llygaid a theimlo gwres diolchgarwch pobl yn y fan a'r lle.

Fe lwyddodd y deuddydd yma o fentora i wneud gwyrthiau i mi. Hwb i'r hyder. Hwb i'r enaid. A theimlo'n rhan o rywbeth unwaith eto. Doeddwn i ddim wedi blino cymaint ag y meddyliais y baswn i. Cefais gwpl o wydrau o win y noson honno i ddathlu fy mod wedi cyflawni'r dasg.

Daeth 'Cân y Clo' gan Pedair 'mlaen ar y radio heno. Y geiriau yn taro deuddeg wrth i mi feddwl am y caddug a'r heulwen ar hyn o bryd:

> Does 'na'r un nos yn dragwyddol,
> Does 'na'm storm sy'n ddi-ben-draw,
> Does 'na ddim trai heb benllanw,
> Does 'na'm blodau heb y glaw.

Ces wahoddiad i fore coffi Macmillan fore Sadwrn yn nhŷ Marged. Ffrind ers dyddiau Llanhari lle roedd y ddwy ohonom yn benaethiaid adran yn yr hen Forgannwg Ganol. Doeddwn i erioed wedi meddwl o'r blaen pa mor agos oedd yr achos hwn ata i ar hyn o bryd. Elusen fu Macmillan erioed, elusen a gefnogai bobl eraill. Ond erbyn hyn roedd gen i nyrs cancr ac roedd y gefnogaeth yn amhrisiadwy.

Roedd gwledd o ddanteithion yno a choffi bendigedig. Daeth haul tanbaid fel y gallem eistedd yn yr ardd odidog. Gweld llu o hen wynebau nad oeddwn wedi eu gweld ers blynyddoedd. Roedd 'na deimlad cynnes braf yno a phawb yn cyfrannu mor hael wrth ymddiddan, rhoi'r byd yn ei le a hel atgofion. Codwyd £1,300 at achos mor haeddiannol.

Wythnos hunllefus

Roeddwn wedi edrych ymlaen yn arw at gael treulio wythnos yn y gogledd efo Mam a'r teulu. Gan i mi weithio wsnos lawn wsnos dwytha, doedd gen i ddim ond diwrnod o waith ar y dydd Llun. Roedd Tomos, fy nai, wedi dechrau yn y brifysgol yng Nghaerdydd ers wythnos. Ces alwad ganddo ar y pnawn Llun yn dweud nad oedd yn teimlo'n hwylus a'i fod wedi bod yn tagu drwy'r nos. Gan ei fod newydd symud i Gaerdydd doedd o ddim yn gallu gweld doctor am dridiau.

Es i'w gasglu o Neuadd Senghennydd ac roedd yn edrych
yn ddigon cwla. Yr ysfa oedd gwneud pryd o fwyd iawn a llysiau
iddo gael maeth. Dwi ddim yn credu ei fod wedi gweld unrhyw
ddeilen werdd ers cyrraedd y ddinas. Fe fwytodd yn reit dda
a hepian cysgu ar y soffa.

Ar y bore Mawrth, cafodd wybod y byddai meddyg yn
Llanfair yn ei weld o. Felly daeth y cargo gwerth-y-byd i fyny
efo fi i'r gogledd. Doedd fawr o sgwrs, a chysgodd ar y sedd gefn
yr holl ffordd i fyny. 'Chest infection' oedd y diagnosis a chwrs
wythnos o antibeiotics.

Ar y dydd Mercher, roedd yr haul yn tywynnu a'r awyr yn
las fel crisial. Roedd Dylan, Nia a fi yn mynd am y pnawn i Ben
Llŷn. Awyr iach a golygfeydd godidog. Dyma ddechrau'r hyn
a alwaf yn ddim byd llai nag wsnos hunllefus.

Cawsom ginio ein tri ar y ffordd i Cwt Tatws ac yna
Aberdaron. Brechdan prôns ges i. Pan gyrhaeddodd y plât,
king prawns oeddan nhw ac alla i ddim dweud fy mod wedi
eu mwynhau. Erbyn inni gyrraedd Cwt Tatws, roeddwn yn

teimlo'n oer ofnadwy, er bod yr haul hydrefol yn tywynnu. Dotio at y golygfeydd bendigedig wrth gyrraedd pen draw'r byd yn Aberdaron. Y tri ohonom yn eistedd yn yfed y glesni ac yn rhyfeddu at lonyddwch disglair y môr. Er mwyn coroni'r dydd, dyma fynd i mewn i westy Tŷ Newydd i gael gwydriad yn yr haul cyn mynd am adref.

Pan ddaeth hi'n amser talu, dyma estyn am fy ngherdyn banc i dalu'r £13. Gwrthodwyd fy ngherdyn. Dynes glên iawn yn dod draw ata i gyda'r dderbynneb yn dweud 'card declined'.

'Ma 'na rif yma i chi ffonio,' medda hi. 'Digwyddodd hyn i ddynes oedd yma wsnos dwytha. Yn ffodus, mi ffoniodd hi ac roedd rhywun yn gwario ar ei cherdyn hi'n Llundain. 'Sa werth i chi ffonio, jyst i wneud yn siŵr.'

A dyna ddigwyddodd. Merch ifanc yn y dderbynfa'n ffonio'r rhif oedd ar daleb y gwesty. Minnau'n siarad â gŵr estron ac esbonio nad oedd fy ngherdyn wedi cael ei dderbyn.

Ei ymateb oedd, 'Unfortunately, the manager will have to phone back for us to go through everything.'

Feddyliais i ddim mwy am y peth. Taith ymlaciol adref a 'nôl at Mam i hwylio swper. Dechreuodd fy stumog gorddi a phoen fel cyllell yn wayw yn fy mherfedd. A dyna fu dechrau ar noson a bore o'r dolur rhydd mwyaf afiach. Yn troi a throsi yn fy ngwely yn methu gwneud fy hun yn gyfforddus. Yr ysfa i gyrraedd y tŷ bach mewn pryd cyn cael damwain.

Roeddwn yn wan fel cath y bore wedyn. Arhosais yn fy ngwely'n trio cael rhyw afael ar gwsg. Ac yna canodd fy ffôn symudol.

'HSBC fraud department. All calls recorded for training

purposes. Hello, Miss Griffiths, we are contacting you as you have been a victim of fraud. Can you please confirm your date of birth and postal code?'

'I did phone yesterday, regarding the fact that my card had been declined in a hotel.'

'Yes, I can see that on the system. Someone has tried to use your details to purchase an Uber taxi, £100 in DW Sport, and a transfer of £1,000,' meddai'r ferch a gyflwynodd ei hun fel Bethany.

Roeddwn yn teimlo mor sâl, gwan a llegach cyn yr alwad. Ond dyma glywed wedyn:

'And have you ordered a new card and pin to Saint Mary's Road, East London?'

'Not at all,' meddwn yn gegrwth.

A dyna lyncu'r stori gan fod fy ngherdyn wedi cael ei wrthod y diwrnod cynt. Fe lwyddodd 'Bethany', yr ast â hi, i rewi fy mancio ar-lein. Roedd hi hefyd wedi newid manylion fy rhif ffôn. Ac roeddwn i wedi diolch iddi am ei chymorth. Roedd hyn ar y pnawn Iau.

Ffoniodd hi eto ar y dydd Gwener i ddweud bod £12 arall wedi mynd o fy nghyfrif. Ond doedd dim eisiau i mi boeni gan eu bod erbyn hyn wedi rhoi 'additional security' i mi.

Es allan am ginio efo Cheryl ar y dydd Sadwrn a chael orig hyfryd yn ei chwmni'n rhoi'r byd yn ei le. Ac aeth fy ffôn eto. Bethany unwaith eto! Roedd ymgais nawr i dynnu £750 ar fy ngherdyn credyd. Ond gellid stopio popeth trwy ddyfynnu'r activation code oedd wedi dod ar fy e-bost. Minnau'n dyfynnu hwnnw, yn dwp a ffôl.

Yn y cyfamser, roedd yr adran dwyll go iawn wedi bod yn trio cysylltu gyda mi. Ond roedd fy rhif ffôn wedi cael ei newid! Des i wybod bod £1,000 i 'Chanel Williams' gyda chyfarchiad gen i'n dweud 'Love You' wedi mynd. Yn ogystal, 25 o daliadau mewn canolfan siopa yn Swydd Caint. Roeddwn i'n swp sâl.

Wedi oriau yn y banc ym Mangor ac ar y ffôn gydag amryfal adrannau yn yr adran dwyll, llwyddais i adennill yr holl arian. Teimlwn yn hynod fregus, blin a diymadferth. Dyma oedd yr hoelen olaf yn yr arch. 'Shit happens,' dwedodd rhywun rywdro, a dyna'n union sut oeddwn i'n teimlo.

Bu staff y banc yn anhygoel. Cwestiynid y ffaith nad oedd bloc wedi bod ar fy ngherdyn credyd gyda thros 25 o daliadau mewn pnawn. Mae rhywun yn rhywle wedi gorffen ei siopa Dolig ac yn teimlo'n hunanfodlon iawn gyda'i dwyll ffiaidd.

22 Hydref

Roedd gennym briodas deuluol drannoeth ac roedd 'na hen edrych ymlaen. Priodas Gruff ac Elen. Roeddwn yn benderfynol o wneud ymdrech fawr i edrych yn smart. Gwn y byddai sawl un yn edrych arna i mewn goleuni gwahanol rŵan. Ydy ei gwallt hi wedi teneuo? Ydy hi'n chwyddedig? Oes 'na olwg wael arni?

Felly'r cynllun oedd: ewinedd Gelish; spray tan; cael cyrlio 'ngwallt. Wrth sefyll yn fy nicers papur yn y bwth spray tan, ces bwl o chwerthin. Roedd y broses hon yn debyg iawn i'r broses o beintio car sy'n llawn crafiadau a tholciau.

'What shade would you like? 8? 10? Or 12?'

'Let's go for the 12,' meddwn i'n hy. Os lliw yna lliw go-iawn!

Rhaid dweud fy mod yn reit betrus y noson honno pan ddwedodd fy mrawd fy mod i'r un lliw â siocled Bournville.

Ar ôl cyrraedd adref o'r salon harddwch, roedd llythyr yn fy nisgwyl i, llythyr o Landochau. Roedd fy apwyntiad ar 2 Tachwedd wedi'i ohirio tan 31 Tachwedd. Am siom! Rhwystredigaeth! A'r geiriau tila o esboniad, 'due to unforeseen circumstances'. Sadio. Pwyllo. A meddwl sut i wynebu'r siom yma ar ôl paratoi'n feddyliol at fynd.

Tawelu drwy ymresymu. Yn gyntaf, tydyn nhw ddim yn pryderu amdana i. Yn ail, caf fis arall ar y cyffuriau er mwyn lleihau'r diawl peth!

Cawsom ddiwrnod hynod o hapus a llawen yn y briodas. Ymdeimlad o berthyn. Ymdeimlad o hwyl. Ymdeimlad o be sy'n bwysig mewn bywyd.

Ces gwmni pobl ffantastig. Ac roeddwn yn teimlo'n wych yn fy ffrog laes las a phinc. Roedd y lliw haul yn garamel erbyn heddiw a'r gwallt wedi'i gyrlio'n berffaith. Wnaeth neb sylw am fy nghyflwr, a ches hwb yn yr awyrgylch hapus a chariadus. Does dim yn sicrach: mae teulu'n bwysig.

Wedi bwrlwm y briodas, newidiodd y tywydd. Roedd hi wedi troi'n aeafol yn sydyn reit a'r dail yn garped gwlyb dan draed. Hen job dwi'n ei chasáu ydy rhoi gorchuddion dros gelfi'r ardd cyn hirlwm y gaeaf. Mae rhyw derfynoldeb ynghylch y broses. Dim mwy o eistedd ac ymlacio ar y soffa ratan. Dim mwy o rannu gwydriad o win dan y pergola. Roedd y llwydni yn yr awyr yn ymdoddi i lwydni'r patio carreg. Gyda throi'r clociau ar y gorwel, roedd 'na fisoedd tywyll i ddod.

TACHWEDD 2021

Mae 'na symptomau newydd wedi datblygu'r mis hwn.
Chwyddo poenus a phoenau amser y mis. Yn fy nghwrcwd yn
y gwely wrth i'r gwayw mwyaf ofnadwy serio fy stumog. Deffro
bob bore yn gweddïo y byddai gollyngdod a rhyddhad o gael
mislif. Fe barodd y poenau am bythefnos. Byddai rhywun yn
taeru fy mod i'n disgwyl efeilliaid o edrych ar fy mol. Pob
dilledyn yn anghyfforddus o dynn. Roedd gen i gymaint o
ofn cael damwain anffodus. Fel y cymeriadau yn *Wrth Aros
Godot*, disgwyl am ryddhad a hwnnw ddim yn cyrraedd.

Mae hi'n amlwg fod fy nghorff yn gawdel o hormonau
sy'n ymladd â'i gilydd. Wedi pythefnos annioddefol, lleddfodd
popeth ac roeddwn yn teimlo'n lled normal unwaith eto.

Mae cael sesiwn reflexology gyda David yn fisol yn fendithiol
iawn. Llwyr ymlacio a gadael iddo dylino fy nhraed a'm bodiau.
Fawr o boen a bod yn onest. Yr adroddiad llafar ar y diwedd yn
gysur: 'A very few observations, today, Rhian. You're doing really
well.' Mae o mor annwyl efo fi. Teimlaf yn saff yn ei gwmni. 'You
take care, darling.' I ffwrdd â fi i feddygfa Danescourt i gasglu
presgripsiwn deufis arall o Tamoxifen.

Ffrind annwyl wedi prynu tocyn i mi fynd i Ganolfan y
Mileniwm heno i weld *Whitney – Queen of the Night*. Yn eironig
iawn, caiff y sioe ei hysbysebu fel 'Taking audiences on a magical
rollercoaster ride through three decades of nostalgic hits'. Alla
i ddim aros i gael ymgolli'n llwyr yn y clasuron 'One moment
in time', 'I wanna dance with somebody' ac 'I'm every woman'.

30 Tachwedd

D-Day! Wedi aros am dri mis ers yr apwyntiad ysbyty dwytha, roeddwn i'n rhyfeddol o hamddenol am yr apwyntiad hwn. Roeddwn wedi teimlo'r lwmp yn gyson yn ystod y pythefnos dwytha, ac roedd o'n sicr yn llai. Gwenno yno am 1:15 i'm casglu a ninnau'n dwy'n eistedd unwaith eto yn stafelloedd aros Uned Cancr y Fron, Llandochau. Hi y tu ôl i'r drws a minnau wedi fy ngwahanu oddi wrth y merched eraill ar gadair blastig orengoch. Deng munud cyn amser fy apwyntiad, amneidio ar Gwenno ac i mewn â ni'n dwy.

'Can you please change into the robe?' meddai'r nyrs.

Eistedd yno'n aros am y gnoc ar y drws a'm breichiau yn wawr biws fel corn-bîff. Lliw digon anghynnes.

I mewn â Lucy a Jess. Wedi'r cwestiynau cyffredinol am sut oeddwn i'n ymdopi ar y Tamoxifen, ar y gwely â fi i gael fy archwilio.

Roedd yr awyrgylch yn wahanol heddiw rywsut. Tylino'r fron iach ac o dan fy nghesail chwith. Ymlaen at fron y lwmp. Mudandod wrth iddi fyseddu, tylino a mynd 'nôl dros y tyfiant.

'I think it's larger and harder,' meddai.

Aeth fy nghalon i'm corn gwddw. Collais fy anadl. Allai hyn ddim bod. Gofyn imi roi y gŵn 'nôl 'mlaen a chael gwybod ei bod yn bryderus. 'Underwhelming' oedd effaith y cyffur erbyn hyn. Gyda llawer o ferched byddai'r tyfiant wedi lleihau'n arw wedi saith mis o driniaeth. Ond nid felly yn fy achos i. Roeddwn yn gwbl syfrdan. Y tawelwch oedd waethaf.

Y cynllun oedd mamogram ac ultrasound i weld beth oedd

natur y tyfiant erbyn hyn. Dydw i ddim yn cofio llawer am y mamogram. Myfyrwraig yn arsylwi'r broses. Roeddwn wedi laru ar dynnu a rhoi'r gŵn 'nôl 'mlaen!

Daeth y sgan ultrasound mewn dim o dro. Roedd Lucy'r llawfeddyg yn y stafell hefyd. Doedd hyn ddim wedi digwydd o'r blaen. Y rheswm oedd ei bod hi am gael gweld y delweddau drosti hi ei hun.

Mae gorwedd yn y stafell yn cael yr ultrasound yn codi ofn. Fi yno, yn gweld dim, a'r radiolegydd, y nyrs a Lucy yn gallu penderfynu ar fy nhynged nesaf.

'It's the same size as it was in June. And the biopsied lymph and small lymph nodes look normal.'

Alla i ddim disgrifio'r gollyngdod. Eisiau beichio crio ond yr awyrgylch yn y stafell yn datgan bod angen tawelwch ac urddas.

'Put your gown back on now. We'll go back to the previous room to discuss your options.'

Gwenno druan yno'n aros er mwyn clywed canlyniad y sgan. Eistedd yn syllu'n fyfyrgar ar Lucy.

'You have two options – a lumpectomy or a mastectomy. Both are safe options.'

Allwn i ddim cymharu hyn gydag opsiynau eraill dwi wedi'u cael yn ystod fy mywyd: Italian neu Indian? Yr Ivy neu Côte? Yr Eidal neu Ffrainc? Aethom drwy'r opsiynau i bwyso a mesur yr hyn oedd ymhlyg yn y ddau ddewis. Doeddwn i ddim eisiau mynd adref a stilio mwy am hyn.

'I'll go for the lumpectomy to start. If I'll need further surgery then I have an option of a mastectomy. If I go straight for a mastectomy I can't turn back. I've followed my instinct throughout the past nine months and I'm going to go with my gut feeling now.'

Holais a oedden nhw'n meddwl fy mod i'n gwneud y dewis cywir. Roedd y ddwy'n gytûn.

Archwiliad pellach wedyn i weld ble byddai'r fron yn cael ei thorri a sut y byddai'r cnawd yn cael ei symud er mwyn llyfnhau'r tolc yn y fron. Disgrifiwyd y broses fel tynnu sleisen allan o gacen siocled ac yna sut mae rhywun yn symud gweddill y gacen ar ôl hynny er mwyn cuddio'r darn a gipiwyd.

Trefnwyd amser am ymgynghoriad gyda'r nyrs ar 13 Rhagfyr, a byddai'n rhaid aros i gael dyddiad pre-op.

Wedi'r swnami cychwynnol roedd y tonnau wedi llonyddu ychydig erbyn i mi adael. Aeth Gwenno a minnau dros yr holl sgwrs ar ein ffordd adref. Roedd 'na lawer iawn i'w brosesu a phump wythnos i baratoi at y llawdriniaeth ar 10 Ionawr. Roedd y ffôn yn boeth y noson honno a'r neges destun gynhwysfawr gan Gwenno wedi ei hanfon at ffrindiau agos.

Bu'n ddyddiau o drio treulio popeth. Darllen y ffeil o becynnau gwybodaeth oedd yn sobri rhywun. Trio cysgu a methu cael gafael ar gwsg. Roeddwn wedi gorflino.

Penderfynais sbwylio fy hun drwy brynu bŵts swêd du a siwmper binc golau feddal. Roedd y ddau beth yn gysur i mi ac yn symud fy meddwl. Diolch byth bod Paul, yr addurnwr, yn y tŷ yr wsnos hon. Y sgwrs yn wahanol a'r ffocws ar bapur wal a phaent yn lle ffocws ar y lwmp.

Tydw i erioed wedi bod yn un i deimlo'n chwerw a blin. Ond mae 'na gymysgedd newydd o emosiynau wedi fy nghoncro i'r wsnos hon. Teimlo bod byd pawb arall yn berffaith. Teimlo ofn. Teimlo'n flin efo pawb sy'n gwenu ac yn mwynhau.

A throi a throsi popeth yn fy meddwl.

Penderfynais e-bostio'r ysbyty i holi am gadarnhad o faint y tiwmor erbyn hyn. Roeddwn eisiau gwybod beth oedd y lleihad ers y 4cm gwreiddiol. Roedd yr e-bost yn yr haf yn dweud 3.6cm. Ond roedd Lucy wedi dweud wsnos dwytha ei fod o'n 2cm. Felly doedd o ddim yr un maint ag oedd o yn yr haf, nag oedd?

Ces alwad ffôn gan Jess. Yn syml, 2cm ydy maint y tiwmor erbyn hyn, ond mae 'na gnawd dwys – dense tissue – sydd yn fforchio o'r tiwmor sy'n cwmpasu 3.6cm i gyd. Y ffordd rydw i'n rhesymu popeth erbyn heddiw ydy fod y tiwmor wedi haneru yn ei faint. Rhaid gafael ym mhob llygedyn o obaith a llewyrch.

Ffoniais rywun oedd wedi cael ei argymell i mi gan fy reflexologist a'm hyfforddwraig pilates. Ces awr o holi am bob math o bethau – coban neu byjamas yn yr ysbyty, bath neu gawod? Roedd hi wedi cael yr un math o gancr â fi. Argymhellodd dorri siwgr a chynnyrch llaeth allan o'm deiet. Digon o lysiau gwyrdd a fitamin D. Dim bwyd wedi'i brosesu a dim cig coch. Yn ffodus, roeddwn wedi dilyn llawer o'r argymhellion hyn gydag imi glywed fy ffawd.

Y rhan fwyaf allweddol o'r sgwrs i mi oedd y drafodaeth am lwmpectomi neu fastectomi. Mastectomi gafodd hi. Ei bron yn fach, felly cyngor y llawfeddyg oedd codi'r fron. Wedi'r llawdriniaeth cafodd wybod nad oedd y tyfiant mor fawr ag oedden nhw'n feddwl. Ac fe fyddai lwmpectomi wedi bod yn ddigonol iddi. Ar sail ei phrofiad hi roeddwn yn falch fy mod wedi mynd am yr opsiwn lleiaf eithafol i ddechrau.

Archebais oddi ar y we ddau bâr o byjamas gyda botymau ar y tu blaen. Siwt lounger efo sip yn y blaen i ddod allan o'r ysbyty. Slipars ar fy rhestr Dolig, a bra post-surgery i'w brynu eto. Ces wybod bod fy apwyntiad pre-op fore Gwener am 8:30am. Awr o broses, yn ôl pob sôn. Byddai proses arall wedi'i chwblhau cyn y penwythnos.

RHAGFYR 2021

10 Rhagfyr: y pre-op

Es ar fy mhen fy hun a chymryd yr apwyntiad cyntaf ben bore. Eistedd ar yr un sedd ag yr eisteddais arni fis Chwefror i glywed fy nhynged. Doedd dim sôn am Claire oedd wedi fy ffonio, ond ymhen chwarter awr cyrhaeddodd â'r wên gynhesaf erioed. Teimlais yn gartrefol yn syth. A bod yn onest, fe wnes i eitha mwynhau'r profiad pre-op. Cwblhau rhes o gwestiynau'n ymwneud â chyflyrau gwahanol. N/A yn erbyn pob un. Cyfres o ymarferion ymestyn fy ngheg a 'nhafod. Rhywbeth i'w wneud â'r broses anesthetig. Cymryd fy mhwysau gwaed: ychydig yn uwch na'r hyn fyddai'n ddelfrydol, ond dim i boeni amdano.

'Can you now go on the scales, please, for me to weigh you and measure your height?'

'I don't like this weighing process,' meddwn i.

'Get on those scales, Rhian. You've got nothing to worry about, compared to a few women who come in here every day.'

Ar y glorian. 9 stôn a 12 pwys. BMI 22.5. Rhyddhad. Gwrandawodd Claire ar fy nghalon a'm sgyfaint ac roedd popeth yn awgrymu fy mod yn 'perfect patient'.

Esboniwyd trefn dydd y llawdriniaeth. Byddai tair neu bedair ohonom yn cael llawdriniaeth yr un diwrnod. Gan nad oeddwn yn dioddef o glefyd siwgr nac unrhyw anhwylderau iechyd eraill, byddwn ar ddiwedd y rhestr ar 10 Ionawr i gael yr op.

Wedi blwyddyn o ergydion digon caled, roedd hi'n braf cael hwb am fy iechyd yn gyffredinol. Wrth adael, dwedodd Claire, 'You've been delightful, Rhian. I hope I'm working on the ward when you come in.'

Roedd ei natur hi mor famol a mynwesol. Teimlwn fy mod wedi cael cwtsh rhithiol ganddi.

Dyna gamfa arall wedi'i dringo. Un apwyntiad arall gyda'r nyrs i fynd drwy'r camau cyn ac ar ôl y llawdriniaeth.

Yn ffodus, fu dim rhaid i mi aros mwy na phum niwrnod.

Casglodd Gwenno fi a bu'r awr yma gyda Jess yn gartrefol tu hwnt. Roeddwn wedi cael llawer o ddogfennau i'w darllen a dyma fy nghyfle i holi cwestiynau.

Roedd iPad ganddi'n dangos lluniau o ferched oedd wedi cael lwmpectomi. Y bwriad oedd cael gweld sut y byddai'r fron a'r creithiau'n edrych. Rhyfeddais at ba mor daclus oedd y creithiau, ac ar wahân i ychydig o gleisiau doedd dim un llun yn peri gofid.

Esboniwyd y byddai dye glas yn cael ei chwistrellu drwy fy nghorff ar fore'r 10fed. Bwriad y lliw yma ydy arddangos y nodes, fel bod y llawfeddyg yn gallu penderfynu pa rai y byddai'n eu tynnu ar y dydd. Roeddwn wedi darllen y wybodaeth am y sentinel nodes. Doedd y syniad o roi pigiad yn y fron ddim yn swnio'n bleserus iawn. Ces restr o feddyginiaethau i'w prynu – paracetamol, co-codamol, Bio-Oil, fitamin C, gel Aloe Vera, wipes ac Arnica.

Wythnos cyn y Dolig

Mi fûm i'n hynod o drefnus ar gyfer y Dolig eleni. Roedd gweithio'n rhan-amser wedi caniatáu amser i mi sgwennu fy nghardiau a siopa Dolig. Roeddwn yn fy noethineb wedi penderfynu cael addurno'r stafell wely gefn, y cyntedd a'r landin. Byddai'r addurnwr acw am dair wythnos. Yn eironig, roedd cael cwmni Paul yn gysur mawr yn y cyfnod hwn. Gyda'i pony-tail gwyn, ei natur addfwyn a Magic Radio, roeddem yn dod ymlaen yn wych. A minnau o natur mor ddiamynedd, roeddwn i'n dyheu am weld popeth 'nôl yn ei le ar derfyn yr wythnos gyntaf. Fesul dydd roedd gweld y waliau'n cael eu gweddnewid yn symud fy meddwl ac yn rhoi pleser mawr i mi.

Roedd cyfres o bethau i'w trefnu. Trydanwr ar y dydd Iau. Saer ar y Llun canlynol i osod y lluniau i gyd a'r drych newydd yn y cyntedd. Carpedwr i ddod ar y Gwener olaf. Roedd adrenalin y trefnu yn fy nghynnal. Fel cyffur roeddwn ar ryw high ac mor bles efo'r dewis o bapur wal a'r paent lliw teal.

Roedd y negeseuon yn y cardiau Dolig eleni'n wahanol rywsut: 'Ti'n ddewr. Ti'n gryf ac yn ffrind sbesial iawn. Diolch i Dduw amdanat ti.' 'Byddaf yn meddwl amdanat yn aml, a braf digwydd dy weld weithie, a'th wên enfawr.' 'Bydd 2022 yn sicr yn flwyddyn llawer, llawer gwell. A dwi'n edrych mlaen at rannu hwyl y flwyddyn gyda ti! Cofia bo' fi ar gael unrhyw bryd.'

Collais ffrind agos iawn i mi, Siân Eynon, pan oedd hi'n ddeg ar hugain oed. Rwyf wedi cadw cysylltiad gyda'i rhieni ers hynny ac yn anfon cerdyn Dolig atynt yn flynyddol. Drwy ragluniaeth, rwyf wedi dod yn agos iawn at gyfnither Siân yn ystod y flwyddyn ddwytha 'ma, yn bennaf oherwydd gwaith a gan fod rhieni ei gŵr yn ffrindiau agos iawn i Mam a Dad. Dyma'r neges eleni gan fam Siân:

> Rhian, fel y gwn i, hen amser diflas yw'r driniaeth cancr y fron. Ond mi ddoi drwyddi yn gryfach – dal ati. Mae Esyllt yn werth y byd, tydi? Mae ganddi feddwl mawr ohonot ti. Be fase Siani'n ddeud gan iddi fod mor agos at y ddwy ohonoch?

A neges destun gododd fy nghalon gan Gareth Williams, cyfaill a chydweithiwr arbennig: 'Cadwa'n gryf. Rho ffwc o ffeit!!!'

Roedd y negeseuon yma'n gysur mawr a'r meddwl tu ôl i'r geiriau'n ddiffuant a didwyll.

Roeddwn wedi penderfynu dod i fyny i'r gogledd at Mam a Dylan a'r teulu ar y bore Mawrth cyn y Dolig. Ces alwad gan yr ysbyty ar y pnawn Iau yn dweud bod fy nghyfnod o hunanynysu yn mynd i gael ei ymestyn o dridiau i 14 diwrnod o 27 Rhagfyr. Yr amrywiolyn Omicron wedi dod i gymhlethu pethau a gwneud sefyllfa anodd yn anos.

23 Rhagfyr

Roeddwn wedi penderfynu galw yn Nhregaron ar y ffordd i fyny ar y dydd Mawrth. Roedd torch i'w rhoi ar fedd teulu Dad yng Nghapel Bwlchgwynt. Dyma lle roeddwn yn teimlo rhyw agosatrwydd at Dad. Dyma lle roedd ei wreiddiau. Dyma lle y magwyd o. Dyma wnaeth Dad y cymeriad oedd o.

Roeddwn wedi trefnu i gwrdd ag Eirlys, ei gyfnither, am ginio yn y Talbot gyntaf. Siom oedd canfod bod fan'no ar gau.

Cawl yng nghaffi Rhiannon a chyfle i gael sgwrs braf. Gydag Eirlys, roedd y direidi yng nghymeriad Dad yn cael ei ail-fyw.

24 Rhagfyr

Ar y dydd Mercher roedd Mam, Dylan a fi wedi trefnu i gwrdd â Harry, un o ffrindiau gorau Dad, yn nhafarn Pen-y-Bryn, Bae Colwyn. Harry draddododd y deyrnged Saesneg er cof am Dad. Mae bod gyda Harry yn gwneud i mi deimlo bod rhan fechan o Dad yno gyda mi. Mae o'n hel atgofion. Rhannu straeon. Cadw'r cof yn fyw. Mae o wedi bod yn anhygoel o ofalgar ohona i ers colli Dad. Bron fel pe bai yn mabwysiadu rôl dadol a chysylltu'n gyson i holi amdana i. Ac wrth ymadael mae'n rhannu potel hyfryd o jin Aber Falls.

25 Rhafgyr

Diwrnod Dolig sbesial. Y bwyd yn fendigedig a'r cwmni yn hyfryd. Dotio at yr anrhegion. A diolch bod gen i deulu mor arbennig a chariadus.

26 Rhagfyr

Roedd Nia, fy nghyfnither, a'i theulu yn aros ym Mhengwern, Benllech dros y Dolig. Roedd hi a Gareth ei brawd wedi atgyweirio cartref eu plentyndod. Y cwlwm â'r gogledd yn dal mor dynn ag erioed. Roedd hi'n braf gallu cwrdd â nhw yn Nhraeth Coch ar bnawn San Steffan. Y plant yn cydgerdded. Y dynion yn trafod chwaraeon. A ninnau'n rhoi'r byd yn ei le. Roedd fframio'r cyfan mewn llun ar ochr y dŵr yn serio'r clymau teuluol tyn sydd mor bwysig i mi.

27 Rhagfyr

A daeth y 27ain. Cyfnod yr hunanynysu. Roeddwn wedi penderfynu aros yn y gogledd. Yn y tŷ gyda Mam, a Dylan a Nia yn siopa bwyd i ni. Byddwn yn dychwelyd ar 6 Ionawr a chael prawf PCR ar y 7fed. Hunanynysu yn fy nghartref fy hun wedyn am y penwythnos olaf.

Roedd yr ysbyty wedi awgrymu fy mod yn cael tacsi i'r ysbyty ar fore'r 10fed. Dyna oedd yr hoelen olaf yn yr arch. 'No way wyt ti'n mynd mewn tacsi,' meddai Dylan.

O ddwys ystyried y peth, roeddwn yn teimlo'n hynod ddigalon am y syniad o gyrraedd yr ysbyty gyda fy mag dros nos a dieithryn yn fy ngyrru at ddrws yr ardal saffach o'r ysbyty. Pwy sydd i wybod pwy sydd wedi eistedd yn y tacsi? Pwy a ŵyr beth ydy hanes y gyrrwr tacsi? Oni fyddwn i'n fwy diogel yn fy mwgwd yng nghefn car Gwenno, wedi fy saniteiddio o'm corun i'm sawdl?

IONAWR 2022

1 Ionawr

54 mlwydd oed! Pen-blwydd hapus a blwyddyn newydd well – dyna oedd byrdwn nifer o'r negeseuon. Roedd y teulu wedi mynd i drafferth fawr a'm holl anrhegion yn bethau defnyddiol. Gilet hir i fynd allan am dro. Fitamin D – cyflenwad blwyddyn, cwbl hanfodol yn ôl pob gwefan os ydych yn dioddef o gancr.

Sawl nofel i'w darllen wrth gryfhau, a setiau hyfryd o byjamas. Roedd blanced o gariad a chynhesrwydd yn lapio'n dynn amdana i. Rywsut, mae profiad fel hyn yn gwneud i rywun ystyried beth a phwy sy'n bwysig. Er fy mod yn hunanynysu am bythefnos yn nhŷ Mam, mae Dylan a'r teulu wedi aberthu cymaint – peidio â mynd allan a chymysgu ag aelwydydd eraill.

6 Ionawr

Gadael Llanfair fore Iau, Dylan wedi llenwi'r car â phetrol. Dylan ac Elin wedi bod yn siopa am toiletries i mi. A Nia wedi fy mherswadio i gofrestru efo Duolingo er mwyn dysgu Ffrangeg. Roedd gen i Lefel 'O', ond rhydlyd oedd fy ngafael erbyn hyn ar ferfau 'er', 'ir' ac 're'. Ychydig a wyddwn y byddai'r syniad hwn yn gafael ynof fel cyffur ac yr awn yn gaeth i Duo a'i eiriau.

7 Ionawr

Roedd PCR wedi ei drefnu i mi fore Gwener am 9 y bore.
Draw â fi i hen Ysbyty'r Eglwys Newydd. Tristwch pur oedd
gweld y ffenestri drylliedig a rhyw awyrgylch llwm a llwyd o
gylch yr holl leoliad. Dwy lôn oedd i bob un ohonom. Y ffenestri
ar gau. Dynes fach sbectolog, frau yn dod at fy ffenest:

'Name?'

'Why are you here?'

Esboniais fod llawdriniaeth i fod ddydd Llun ac fe'm tywyswyd
i flaen y lôn i gael fy swab. Dynes arall oedd yn gwneud y swab.
Het wlân ar ei phen a'r swab yn cael ei anelu'n unionsyth at y
tonsils:

'We don't swab the nose. Only the throat.' Ces ôl-fflachiad o
olygfeydd roeddwn wedi eu gweld o bobl fel fi yn Tsieina yn profi'r
un broses. Pwy fasa'n meddwl ein bod ni'n gorfod hunanynysu?

Chysgais i fawr ddim y noson honno. Pob crafiad yn fy
ngwddw yn bryder. Mynd i banig bob tro y chwythwn fy nhrwyn.
Be petawn i'n profi'n bositif? Chwe wythnos ychwanegol o oedi!
Gwirio fy negeseuon bob awr drwy'r nos. Ac yna – haleliwia!
Cael gwybod am 7.30 fore Sadwrn fy mod i'n negyddol. Ymlaen
â fi rŵan at y cam pwysicaf.

9 Ionawr

Dydd Sul yn ddiwrnod o stumog yn corddi. Y cesys wedi'u pacio.
Y bag dros nos i'r ysbyty – rhag ofn y cawn fy nghadw i mewn.
Fe'm hatgoffwyd o'r teimlad 'na dwi'n gael bob tro cyn mynd ar
fy ngwyliau: ydw i wedi cofio popeth? A fyddai'n well i mi bacio

pâr arall o drowsus? Mwy o sanau? Ces bnawn o loddesta ar y gyfres *Stay Close* ar Netflix. Roeddwn fel delw ar ôl gwylio'r pedair pennod olaf. Oedi, gohirio, osgoi'r hyn oedd raid ei wneud. Camu i'r car. A dreifio draw i dŷ Gwenno ar y Cnap. Yn wahanol i fynd ar wyliau braf dramor roedd y cesys yn y bŵt yn symbol o gyfnod o glafychu, cryfhau a wynebu heriau'r llawdriniaeth.

Cawl pysgod bendigedig a gwely cynnar. Yn rhyfeddol ces afael ar fy nghwsg. Doeddwn i ddim i fwyta dim ar ôl hanner nos a dim diod wedi 6 y bore.

10 Ionawr

Codi am 6. Cawod olaf am sbel. Cyrraedd drysau'r ardal werdd lle roeddwn i aros i gael fy nhywys i Ward Anwen. Anodd ail-greu'r olygfa o bedair ohonom, gyda'n bagiau dros nos, yn edrych fel cwningod ar fin cael ein dallu gan oleuadau car. Y mudandod oedd yn iasol. Neb yn yngan gair. Dwy nyrs yn ein tywys. Yr unig eiriau a gofia i ydy: 'And this is the theatre where you will be operated on. You will walk down to theatre.'

Cyrraedd Ward Anwen. Pedwar gwely a'n henwau ar y plac uwchben pob un. 'Rhian, you're in bed 3.' Teimlwn fel plentyn ar ei ddydd cyntaf yn yr ysgol gynradd. Be oeddwn i fod i'w wneud? Dadwisgo? Tynnu fy nillad a gwisgo pyjamas? Edrychais ar y tair arall a gweld eu bod nhw i gyd yn eistedd mewn cadeiriau ar erchwyn eu gwely. Un wraig drws nesaf imi yn darllen. Y ddynes dros y ffordd yn gwneud Sudoku. Fedrwn i ddim gweld y ddynes ar y pen. Ond clywais yr anesthetydd yn dweud taw hi fyddai'n mynd gyntaf. Roedd hi'n ei thridegau, faswn i'n dweud.

O 7:30 tan 12 mynd o'r naill berson i'r llall. Merch ifanc yn holi be faswn i'n licio i swper. Cofiaf 'chicken dinner', 'treacle tart', 'ham sandwich' a 'lentil and bacon soup'. Es am y cawl, gan feddwl y byddai'n haws ei dreulio. Wnes i ddim meddwl ar y pryd y byddwn yn gorfod bwyta gyda fy llaw chwith.

Dr Davies yr anesthetydd yn dod ataf wedyn. Rhestr o gwestiynau. Y ffaith nad oeddwn yn ysmygu yn ffafriol iawn. Cadarnhawyd taw fi fyddai'r drydedd i gael yr op wedi cinio.

Yna daeth Lucy draw ata'i. Roedd hi'n edrych mor wahanol yn ei scrubs. Mor braf oedd ei gweld hi.

'I've been thinking a lot about you during the past fortnight,' meddai. 'I think the best option is to put the incision on the right side of the breast. Hopefully we can also use the same incision then to get to the sentinel nodes. Would you be happy if I move the nipple, if I have to? It will give you a better result cosmetically.'

Edrychais arni. Yn gwbl ddiymadferth a gwylaidd. 'I trust you wholeheartedly. Do whatever you have to do to get it out. That's the priority.'

Y cam nesaf oedd cael sgan i sicrhau lleoliad y tiwmor. Roeddwn mor falch o weld Liz y radiolegydd. Hi welais i 'nôl ym mis Mawrth. Hi wnaeth yr holl biopsis. Roedd hi mor annwyl a mamol.

'Lovely to see you, Rhian.'

'I've missed you,' meddwn i.

'I've been off work for seven months with endocrine cancer. But I'm back and feeling great. And so will you.'

Roedd y tiwmor yn mesur 3cm yn ôl y sgôr. Wedi lleihau o'r 4cm gwreiddiol. Ond dal yn helaeth.

Roeddwn eisiau cofleidio Liz. Eisiau'r cyswllt corfforol cynnes yna cyn mynd am broses nad oeddwn yn siŵr ohoni.

Y cam nesaf oedd cael dye glas wedi ei chwistrellu i mewn i'r fron i leoli'r nodes. Roedd y pigiad yn annifyr. Reit debyg i bigiad gwenyn. Llosgi. Gorweddais yn llonydd yn gadael i'r glas dreiddio drwy'r corff. A chroesi popeth y byddai'r lliw'n dynodi popeth yn glir. Roedd posibilrwydd na fyddai.

Dychwelyd wedyn i'r ward. A dyma pryd y ces bach o sioc. Rhestr o gwestiynau pellach gan y nyrs cyn i mi gael y sanau secsi gwyn i helpu gyda chylchrediad y gwaed:

'Is there any possibility that you could be pregnant?' holodd.

Chwerthin oedd fy ymateb. 'It would be immaculate. A miracle!'

'Well, as you're under 55 we will have to ask you for a sample for us to swab.'

Wel sôn oedd rigmarôl! Pi-pi i mewn i gafn cardbord yn y tŷ bach, a minnau heb yfed dim ers oriau.

'Pull the cord once you've finished. And I'll come to collect it.'

Ar ôl hanner awr, meddyliais y byddai'n well i mi wirio ei fod yn negyddol.

'Yes, negative.'

Anodd credu bod merched yn cael prawf positif ar y ward hon a ddim yn gwybod.

Rhewais pan glywais y frawddeg: 'We're taking you down to theatre now.'

Anghofia i fyth mo'r daith honno. Y nyrs a Lucy'n cyd-gerdded gyda mi. Mewn sefyllfaoedd fel hyn, rwy'n ei chael hi'n anodd iawn peidio â siarad. Casáu tawelwch.

'Did you have a nice Christmas, Lucy? Did the children enjoy?'

I mewn i'r stafell at yr anesthetydd. Y profiad mwyaf rhyfeddol erioed. Dwy stiwdant feddygol yn y stafell hefyd.

Roedd merch hyfryd gyda'r prif anesthetydd.

'You're very cold, Rhian,' meddai hi.

'I've always had bad circulation. I was a blue baby.'

'But a warm heart, I can tell.'

Y canwla i mewn a rhyw wifrau eraill.

Ac wedyn – popeth yn angof. Es i lawr am 12:45 pm.

❀

Agor fy llygaid mewn stafell ddieithr. Dim syniad lle roeddwn i a nyrs hyfryd yn siarad â mi. Roeddwn 'nôl ar y ward am 4:30 pm.

Cyrhaeddodd y cawl lentil yn reit fuan wedyn a darn o fara gwyn sych. Chwarae teg i'r nyrs, aeth i nôl cadach i mi er mwyn arbed fy nillad. Ces flas ar y cawl.

Roedd y gofal yn anhygoel. Mesur fy mhwysau gwaed fesul hanner awr. Edrych ar y clwyfau i sicrhau nad oedd haint. Bob hanner awr hefyd roedden nhw yno'n holi a oeddwn i'n iawn.

Ac yna daeth Lucy draw at erchwyn fy ngwely. Gwenodd. Y wên gysurlon yna rydach chi'n ei phrofi pan welwch rywun annwyl.

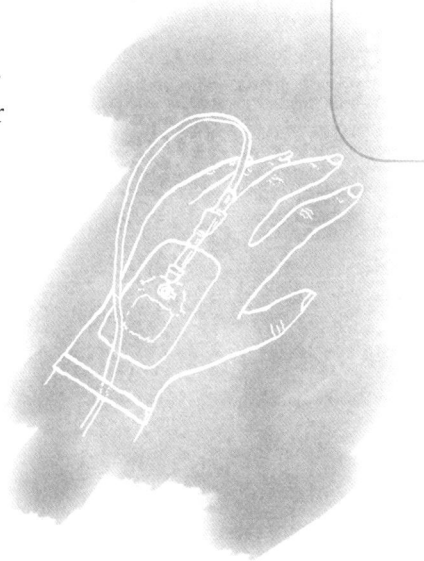

'I'm very pleased with how it went, Rhian. It was of a substantial size. A strange shape to it. Like a dumbbell. I'm crossing everything that we've got it all.'

Teimlo fel petawn i'n dal mewn rhyw berlewyg. Yn gybolfa o ryddhad ac o ollyngdod.

'I thought teaching was hard,' meddwn i. 'But compared to your job, there's no comparison.'

'Thank you, Rhian. I really love my job. And I'm passionate about it.'

'That's very obvious,' atebais. 'I can't thank you enough.'

A dyma pryd yr agorodd y llifddorau.

'It's been a real privilege to get to know you, Rhian.'

'Thank you, Lucy,' sibrydais.

Roeddwn yn teimlo'n rhyfeddol o dda. Llwyddais i yrru neges destun at bawb i ddweud fy mod i'n ôl ar y ward. Ces help i wisgo'r bra post-surgery oedd yn dipyn o gontrapsion. Fel arall, des i ben â gwisgo'r siwt velour oedd wedi ei phrynu'n benodol ar gyfer dod allan o'r ysbyty. Anodd ffeindio dillad lle mae sip yr holl ffordd i lawr ffrynt y top!

Am 8:30 roeddwn 'nôl wrth ddrws yr ardal werdd yn cael fy nghasglu gan Gwenno. Roedd y nyrs wedi cario fy mag i lawr at y drws. Rhois ddau gylchgrawn *OK* a *Red* iddi. Roedd hi wrth ei bodd.

Druan o Gwenno. Roeddwn fel potel bop yr holl ffordd adref yn y car yn ail-fyw symudiadau'r dydd. Ar high rhwng yr adrenalin a'r anesthetig.

'Tydi hyn ddim yn normal, Rhian. Tyrd i lawr. Anadlu'n ddwfn o dy stumog. Ti fod i deimlo'n ryff!'

11-27 Ionawr

Bûm yn aros ar y Cnap efo Gwenno am bron i bythefnos.
Cysur a chlydwch ei chartref bendigedig yn lle rhagorol i gryfhau
a dadebru.

Roedd y dyddiau cyntaf yn anodd. Y clwyfau'n tynnu a'r
anesthetig yn gymysg â'r dye ymbelydrol yn creu hafoc â'm
stumog.

Roeddwn yn cymryd paracetamol a co-codamol bob pedair
awr. Ond rhaid cyfaddef, roeddwn i'n teimlo'n syndod o dda.
Roeddwn wedi cael rhybudd y byddai fy nŵr yn las yn y tŷ
bach. Roedd reit debyg i'r profiad pan fyddwch chi'n tynnu
tsiaen y toiled a'r bleach parazone yna'n tasgu ar hyd yr ymylon.

Doedd neb wedi fy rhybuddio bod co-codamol yn eich gwneud
chi'n rhwym. Erbyn y pedwerydd diwrnod roeddwn i'n teimlo fy
mod ar fin ffrwydro. Pan ddaeth y gollyngdod, roeddwn yn falch
fy mod i wedi fy rhybuddio taw gwyrdd fyddai'r carthion. Diolch
i'r lentils a ges i swper, ces glirfa go iawn.

Erbyn y pedwerydd diwrnod hefyd roeddwn allan yn
cerdded ac wrth fy modd yn teimlo awel y môr ar fy mochau.
Roedd gwendid yn sicr yn y corff a rhyw chwys oer yn laddar
dros y croen. Ond roeddwn yn cryfhau fesul diwrnod a'm
harchwaeth am fwyd yn iach. Roedd bod yn nhŷ Gwenno
yn hafan. Yr ymwelwyr yn brin. Y llonyddwch i wneud fy
ymarferion deirgwaith y dydd, darllen ac ymgolli yn uned 1
Ffrangeg Duolingo. Rhwng darllen clasur Megan Hunter *tu
ôl i'r awyr* a meistroli ffurfiau presennol berfau 'er' Ffrangeg,
roeddwn yn ddigon dedwydd fy myd.

Dychwelais i'm cartref ar y 21ain a chael cwmni Dylan a Nia am y penwythnos. Roeddwn yn falch nad oeddwn yn dod yn ôl i dŷ gwag a bod gen i gwmni.

Dadbaciwyd fy stwff i gyd mewn chwinciad. Roeddwn wedi tynnu cyri allan o'r rhewgell, un wnes i adeg Dolig. Addasais fesul awr i fod adref ynghanol fy mhethau. Roedd cael cawod yn llawer anoddach yma gan fod y dŵr yn tasgu i bobman. Penderfynais taw ymolchi yn y sinc fyddai saffaf a jwg Pyrex i olchi fy ngwallt. Fy fersiwn i o bed bath, mae'n debyg.

Ar y nos Sul, cysgais adref ar fy mhen fy hun. Ac roeddwn yn hollol iawn. Mae rhywbeth reit braf mewn mudandod pan fyddwch mewn gwewyr.

24 Ionawr

Mi fu hi fel ffair yma heddiw. Roedd pawb yn gwybod fy mod i 'nôl adref. Pawb eisiau helpu. Pawb eisiau gofalu.

Welais i erioed gymaint o fwyd. Cawl minestrone. Cawl pys a ham. Caserol fegan. Dau blatiad o ginio dydd Sul. Torth fanana. Roedd y rhewgell fel llun o sgrin *Saturday Kitchen*.

Roeddwn yn hynod falch o weld fy ffrindiau. Pawb mor garedig. Pawb mor glên. Roedd hi'n braf teimlo'n normal a rhoi dydd fy nghanlyniadau yng nghrombil fy meddwl.

Daeth Elin draw i aros nos Fercher. Roedd ganddi draethawd i'w orffen erbyn 11 fore Iau. Cawsom un jin a thonic a phalodd hi ymlaen tan 1 y bore i orffen ei thraethawd am Giwba.

Ches i fawr o gwsg y noson honno. Troi a throsi. Yr holl bosibiliadau am yr hyn a wynebwn yn creu chwalfa yn fy mhen.

Pan godais ar y bore Iau, doeddwn i ddim wedi dadflino. Rydw i wastad wedi credu ei bod hi'n bwysig gwneud ymdrech o ran fy ngwisg a'm hedrychiad i wynebu apwyntiad yn yr ysbyty. Yn seicolegol, os ydw i'n edrych yn deidi'n allanol, mae'n codi fy ysbryd.

Casglodd Gwenno fi am 11, ac yn wahanol i'r arfer, cawsom le i barcio ym maes parcio blaen yr ysbyty. Mae hi'n anodd disgrifio sut oeddwn i'n teimlo. Roeddwn wedi meistroli'r grefft o baratoi fy hun am y gwaethaf. Teimlwn ryw gynnwrf yn fy nŵr heddiw, a hwnnw'n troelli a chorddi.

Roedd fy apwyntiad am 12. Yn y stafell aros roeddwn yn gallu adnabod wynebau dwy o'r merched oedd ar y ward yr un pryd â fi. Tybed pa newyddion fydden nhw'n eu derbyn?

'You look well, Rhian,' meddai Lucy.

'Thank you,' atebais.

'Are you happy for me to go through how the operation went?'

'Of course,' atebais.

Y newyddion calonogol a hynod gadarnhaol oedd:

- Y lymph nodes yn hollol glir. Gollyngdod. Rhyddhad. Ail wynt. Fodd bynnag ...

- Mae angen margin o 1mm yn glir o gylch ble roedd y tiwmor. Doedd hynny ddim yn fy histology i.

Roedd gen i ddau ddewis:

- Llawdriniaeth arall i dynnu rhagor o gnawd
- Mastectomi.

Doedd dim rhaid i mi ddewis yn y fan a'r lle. Gallwn fynd adref i feddwl am yr opsiynau. Pe bawn yn mynd am yr opsiwn o dynnu mwy o gnawd, byddai'r celloedd hynny'n cael eu dadansoddi. Gallwn fod 'nôl yn yr un sefyllfa â heddiw yn wynebu trydedd lawdriniaeth.

Rydw i'n berson sy'n dilyn fy ngreddf. Tydw i ddim eisiau byw yn poeni am bob gwayw a phob poen. A dyna, yn fy marn i, fyddai goblygiadau parhau i dynnu mwy o gnawd. Roeddwn wedi colli ffydd yn fy mron. Ac roeddwn eisiau cael gwared o'r diawl peth, unwaith ac am byth.

Roeddwn wedi bod yn gytbwys fy ymateb a dewr fy sylwadau. Ond yna, dwedodd Lucy:

'I was gutted when I saw that we didn't have a clear margin.'

'It's not your fault,' meddwn i.

A daeth y don fwyaf hegar o emosiwn drosta i.

'It's not fair. I've been so strict with myself. Dairy free. No red meat. No sugar. Walked every day. And all of these obese women on fags and drugs don't have to go through this.'

'It isn't fair, Rhian. But you're young and fit and we're going to sort this and get you better.'

Roedd rhyw lonyddwch lleddf yn y stafell, y pedair ohonom dan deimlad.

Tynnwyd y plastars oddi ar y clwyfau. Yn eironig, roedd y clwyfau yma oedd yn gwella'n dda yn mynd i gael eu styrbio eto'n fuan.

'How long will I have to wait for my next op?' holais.

'How does February 14th suit you? Valentine's day!' holodd.

'Well, I don't think I've got anything booked for that date

at present,' meddwn â'm tafod yn fy moch.

Byddwn 'nôl i gael fy nghanlyniadau wedi'r mastectomi ddechrau mis Mawrth. Pan holais beth fyddai'r driniaeth nesaf, codwyd y posibilrwydd o chemo, oherwydd maint y tiwmor. Byddai'r oncolegwyr yn edrych ar eneteg yr hyn a dynnid nesaf cyn penderfynu. Crybwyllwyd y syniad o ailadeiladu'r fron drwy lawfeddygaeth ail-greu neu reconstructive. Ond ymhen y flwyddyn.

Am y tro, digon i'r diwrnod ei ddrwg ei hun.

Wedi i Lucy adael, dim ond Gwenno, Jess a minnau oedd ar ôl. Cadarnhawyd y byddai'r llawdriniaeth nesaf yn fyrrach gan fy mod wedi bod o dan y gyllell am deirawr yn barod. Ni fyddai angen pre-op chwaith. Yr unig wahaniaeth, ar wahân i'r ffaith na fyddai gen i fron, oedd y byddai gen i ddraen am 7–10 diwrnod. Byddai nyrs yn ymweld â mi'n ddyddiol er mwyn ei newid a'i drin.

Trefnwyd apwyntiad ar gyfer 7 Chwefror i weld y nyrs i fynd drwy gamau cael mastectomi. Er mwyn ysgafnhau'r awyrgylch, nodais:

'I'm going to go home now and have a McDonalds on the way. And I shall have a large gin tonight too.'

'You do that, Rhian. Have two gins. You deserve it.'

Adref â ni unwaith eto ar y daith o Landochau i Canton a realiti'r newyddion yn prysur suddo i mewn.

Bu'r dyddiau canlynol yn fwrllwch o fod yn flin. Yn chwerw. Fflat. Ofnus. Sut fyddwn i'n teimlo wrth dynnu fy mra a gweld ceudwll gwag? A fyddwn i'n gorfod gwisgo dillad llac am byth? Ydyn nhw'n gwneud prosthesis ar gyfer pob maint a siâp? Mynd ar wyliau – gwisg nofio? Sut fyddwn i'n teimlo am ddadwisgo

o flaen dyn? Ble fyddai'r creithiau? A fyddwn i'n dod dros y
llawdriniaeth hon mor gyflym â'r lwmpectomi? Pam fi? Beth
ydw i 'di neud i haeddu hyn?

Ac yna, daeth ton ysgubol o nerth eto. Doedd y diawl peth
yma ddim am fy nghoncro i. Roeddwn eisiau byw. Profi'r byd
unwaith eto. Camu ymlaen at y bennod nesaf.

CHWEFROR 2022

Dod i delerau

Roeddwn wedi cael cyngor i drafod drwy gefnogaeth cynllun
cwnsela Canolfan Maggie's. I mi, roedd siarad â dieithriaid yn
fy ngwneud yn anghyffordus. Yn gamfa arall i'w dringo ar y
daith droellog hon. Felly penderfynais greu fy nghylch cefnogaeth
fy hun. Roedd gen i dair ffrind agos oedd yn mynd drwy'r un
llawdriniaeth â mi. Ces enw dynes arall oedd yn mynd at yr
un reflexologist a'r un hyfforddwraig pilates â mi. Cofiaf ffrind
i mi'n dweud bod pawb sy'n profi cancr yn hel at ei gilydd. Yn
creu rhwydwaith. Yn cynnal ei gilydd. Erbyn hyn, rwy'n deall
yr undod hwnnw.

Mae hi'n llawer haws holi am brosthesis gyda merched
'dach chi'n nabod. Enwau cwmnïau sy'n arbenigo mewn dylunio
bras ar gyfer merched sydd wedi cael mastectomi. Ces ryw gysur
o fynd ar wefannau Nicola Jane ac Amoena a gweld bod pob
math o ddillad isaf addas ar gael. Fyddai dim byd plunge mwyach.

Na low-cut. Roeddwn i'n reit hoff o'r syniad o gael bra gyda balconi tenau o les yn belmet gyda dillad a thopiau is. Er bod llawer o'r dillad nofio yn fy atgoffa o'r siwtiau Speedo dyddiau ysgol, roedd rhai'n fwy dengar a siapus.

Y math o gwestiynau oedd wedi bod yn troelli yn fy mhen oedd:

- Pa mor boenus ydy'r draen?
- Pa mor hir yw oes prosthesis?
- Sut mae cadw prosthesis yn lân?
- Sut mae'r prosthesis ar gyfer nofio'n gweithio?
- Sut deimlad ydy edrych ar y fron ddiflanedig am y tro cyntaf?
- Sut mae'r prosthesis sy'n gludo ar eich cnawd yn teimlo?

7 Chwefror

Roeddwn wedi bod yn ymladd dos gas o annwyd dros y penwythnos. Teimlo'n uffernol. Fy llygaid yn glwyfus. Fy nhrwyn yn rhedeg fel tap. A'm holl gymalau'n boenus. Roedd meddwl am wynebu apwyntiad yn yr ysbyty pnawn 'ma yn dod â thon o ofn ac arswyd.

Doedd dim dewis. Cawod amdani a gwisgo'n daclus i guddio'r ffaith fy mod i'n teimlo'n crap!

Roedd hi'n hynod o brysur yn y stafell aros heddiw. Dim un sedd wag. 'Diffrwyth' – dyna'r ansoddair gorau i ddisgrifio sut oeddwn i'n teimlo wrth eistedd yno.

'How have you been since I last saw you? Any further thoughts about which procedure you want to go for next week?'

Doeddwn i ddim wedi ystyried bod modd newid fy meddwl erbyn hyn. Eglurwyd eu bod eisiau i mi sylweddoli efallai na fyddai llawer o ddrwg yn cael ei dynnu ar y 14eg. Efallai na fyddai angen mastectomi arna'i.

Doedd dim newid o'm rhan i. Unwaith y mae amheuaeth yn codi mae hi'n haws gen i gymryd y penderfyniad mwyaf eithafol.

Delweddau ar iPad oedd y cam nesaf. Cyfres o luniau o ferched yn gwisgo bras post-surgery gyda'u prostheses. Pob un yn edrych yn ddigon deche a siapus a bod yn onest. Doedd y delweddau o'r creithiau yn y gofod di-fron ddim mor hawdd i'w prosesu. Y fron iach yn edrych ar goll heb ei chymar. Tebyg i efeilliaid yn cael eu gwahanu. Ond roedd symud o un ddelwedd i'r llall yn dod yn haws gydag amser.

Roedd cyfres o fagiau gan Jess. Yn araf a phwyllog aeth â fi drwy gynnwys pob un ohonyn nhw. Y draen oedd yn un. Tipyn mwy o faint nag oeddwn i wedi'i ddychmygu. Pwysleisiwyd pwysigrwydd cadw'r clip ar y top ar agor drwy'r amser i adael i'r hylif lifo'n rhwydd i mewn i'r bag. Byddwn yn cario'r draen yma mewn bag cotwm pwrpasol am yr wythnos gyntaf.

O fag arall tynnwyd samplau o brostheses. Roeddan nhw'n llawer trymach nag oeddwn i wedi'i ddychmygu. Roedd un ar gyfer ei lithro'n gelfydd i boced bwrpasol yn y bra. Roedd un arall y gellid ei ludo'n syth ar y cnawd. Yn fwy solat ac yn llai tebygol o symud neu lithro allan. Roedd un arall wedyn ar gyfer dillad nofio, oedd yn fwy tryloyw ac yn ymdebygu i ddefnydd plastig clir.

Wedi mynd drwy'r bagiau props, aethom ymlaen i drafod ail-greu'r fron. Doedd gen i ddim diddordeb clywed am y llawdriniaeth ddeg awr lle y byddai fy nghnawd i'n creu bron newydd. Ces weld yn hytrach ddelweddau o sut y byddai implant yn edrych. Byddai hwn yn cael ei bwmpio dros gyfnod o amser nes ei fod yn ymdebygu i siâp y fron arall. Ces fy atgoffa o brosesau tebyg i bwmpio gwely aer neu bêl lan môr. Maes o law, gellid hefyd gael tatŵ o nipl ar y fron newydd. Roedd y canlyniadau'n edrych yn rhyfeddol o dda.

Ces fy nhywys wedyn i stafell arall lle roedd merched yn cael eu ffitio ar gyfer eu prosthesis. Roedd hi'n debyg i fynd i mewn i siop losin yn blentyn erstalwm. Pob siâp. Pob ffurf. Pob maint yn y bocsys dirifedi. Wrth i mi edrych tuag at y llawr, ces bwl bach o chwerthin. Yno, mewn bocs ger y drws, roedd amryfal brostheses wedi cael eu gweu gan rai o'r cleifion. Yn sicr, doeddwn i ddim yn ffansïo prosthesis melyn a phinc wedi ei bwytho â gwlân fyddai'n cosi!

Wedi cyrraedd adref, un o'r pethau cyntaf wnes i oedd bodio drwy rai o'r catalogau roeddwn i wedi eu cael gan Jess. Roedd 'na beth wmbreth o ddewis. Y steils yn fodern. A'r gwisgoedd nofio yn siapus ac apelgar. Tawelwyd llawer o'm hofnau dyfnaf am golli fy hunaniaeth fel merch a cholli'r ddelwedd fenywaidd oedd yn rhan mor greiddiol o'm DNA.

14 Chwefror

Dydd San Ffolant gwahanol eleni. Eistedd mewn cadair ar Ward Anwen yn aros i'r arbenigwr a'r anesthetydd alw i'm gweld. Pedair ohonom unwaith eto ar y ward. A fi fyddai'r drydedd heddiw hefyd i gael y llawdriniaeth.

Cogyddes mewn ysgol gynradd oedd yn y gwely ar y pen. Hi oedd i fynd gyntaf i dynnu tyfiant benign. Roedd hi'n awyddus iawn i dynnu sgwrs â mi, a minnau eisiau ymgolli yn *Woman and Home* i symud fy meddwl. Roedd hi'n llinell denau rhwng bod yn gwrtais a gwneud yr hyn oedd ei angen er mwyn cadw fy mhwyll.

Roedd hi mor braf gweld wyneb Lucy. 'We're going to look after you,' oedd ei haddewid. Roedd rhyw deimlad diffrwyth wedi fy meddiannu, fel pe bawn yn mynd drwy'r mosiwns heb lawn ystyried beth fyddai canlyniad y llawdriniaeth heddiw. Cefais fy nhywys drwy'r camau. Arwyddo ffurflen ganiatâd. Holi ambell gwestiwn am y camau nesaf. Nid yn annisgwyl, roedd fy mhwysau gwaed dros 200 eto heddiw. Y nyrsys yn syfrdan a minnau'n egwan ateb: 'It was the same last time.'

Dyna'r bore hiraf yn fy hanes. Gan nad oedd dim sgans na dye glas y tro hwn, fe'm gadawyd ar y ward i aros tan fy ngalwad i ar ôl cinio. Dim ond bore heddiw roedd y nyrsys cancr y fron yn dychwelyd i Ward Anwen. Roedden nhw wedi bod mewn ward arall ers tair wythnos. O'r herwydd, bu pob un ohonynt yn symud celfi, offer a pheiriannau yn ôl i'r ward ac yn edrych ar ein holau ni'r un pryd.

Darllenais bob cylchgrawn ddwywaith. Ond dim byd yn treiddio. Yna, o nunlle, ymddangosodd Jess i gadw cwmni i mi. Bu hi gyda fi am hanner awr, chwarae teg. Llwyddais i anghofio am ychydig. Yna ymunodd Lucy, y llawfeddyg, ac eistedd ar y gwely efo Jess. Roedd hi eisiau diolch i mi am y cerdyn roeddwn wedi ei sgwennu ati. Nododd fod cardiau fel hyn yn golygu llawer:

Dear Lucy

The past year has been the most challenging in my whole life. Receiving the news that you have cancer is both devastating and extremely upsetting.

From the initial day that I met you, I knew I was in safe hands. Your kind demeanour, calmness and assured temperament made me feel at ease. Delivering hard messages is not easy. However, after the initial shock, I knew I was so fortunate that you were my surgeon.

Ac es ymlaen i fynegi fy nheimladau a'm gwerthfawrogiad.

Roedd criw o'r gwaith wedi penderfynu pennu Uned Cancr y Fron yn Llandochau fel eu helusen codi arian eleni. Roeddent am rodio ar hyd llwybrau'r arfordir fis Mai. Enw'r ymgyrch ydy Dro Da Dros Rhian/Rhian's Ramble. Byddai pawb oedd ynghlwm wrth yr ymgyrch yn cael eu tudalen Just Giving eu hunain. Roedd Lucy a Jess yn ddiolchgar iawn am hyn gan ddweud taw arian elusen oedd wedi prynu llawer o'u hoffer mwyaf blaengar.

Daeth hi'n amser i mi fynd i'r theatr. Roedd rhyw awyrgylch mwy anniddig yn y stafell anethsetig na'r tro dwytha. Synhwyrwn fod y staff dan straen. Roedd fy mhwysau gwaed yn uchel eto. Ond pa ryfedd? Cymerodd fwy o amser i mi fynd i drwmgwsg y tro hwn. Y gorchudd plastig oedd yn ffrydio'r ocsigen rywsut yn fwy anghyfforddus.

Y peth nesaf a gofiaf yw deffro mewn stafell ddicithr a nyrs annwyl yn esbonio 'mod i yn y recovery room. Allwn i ddim rheoli fy emosiynau. Agorodd y llifddorau a dyma feichio crio. Roedd hi fel pe bai emosiwn ac ofn y mis dwytha wedi cronni ynof i'm llethu.

'Nôl ar y ward, dim ond un arall oedd yno. Roedd hi'n sâl ac yn cysgu llawer. Roeddwn yn ysu am baned o de. Fy ngheg yn sych fel cesail camel. Doeddwn i ddim yn disgwyl i gaserol cyw iâr a chrymbl ffrwythau gyrraedd fy ngwely. Allwn i ddim meddwl am ddim byd gwaeth.

'I can't possibly eat this. Do you have a sandwich?'

Cyrhaeddodd brechdan wy yn gwbl ddiseremoni. Llyncais y chwarteri sych a diolch am y drydedd baned o de.

Daeth dipyn o gynnwrf wedyn pan hysbyswyd y tair ohonom oedd ar ôl y byddai'n rhaid ein symud i ward arall. Roeddwn i wedi datblygu alergedd at rywbeth, a'm braich chwith lle'r oedd y canwla yn glytwaith cleisiog. Ces ddos o Piriton i weld a fyddai hynny'n fy nhawelu.

Ces fy symud i ward ar fy mhen fy hun. Finnau'n hapusach fy myd. Cael fy monitro bob hanner awr. Ymweliad gan Lucy i ddweud ei bod hi'n hapus efo fi. Rhybuddiodd y byddwn yn cael dydd fflat ar y pedwerydd diwrnod wedi'r op. 'Make sure you plan nice things to do on the following week.'

Ces becyn i ddod adref efo fi i'w roi i'r nyrsys cymunedol. Erbyn 9 y noson honno roeddwn yn swatio yn nhŷ Gwenno. Anodd credu bod rhywun i mewn ac allan ar yr un dydd wedi cael mastectomi.

Roedd y teimlad o fod 'nôl ar y Cnap efo Gwenno yn hynod braf. Teimlad saff. Teimlad cartrefol. Yr unig beth oedd yn faen tramgwydd y tro hwn oedd y bag oedd yn hongian ar fy ochr oedd yn dal y draen. Ces wybod y byddai'n rhaid i nyrs gymunedol ei newid imi'n ddyddiol. Unwaith y byddai darlleniadau o 50ml am ddeuddydd cawn ei dynnu.

Wrth adael yr ysbyty roeddwn wedi cael bra o ddefnydd meddal gyda chlustog i'w roi yn y gwpan wag. Penderfynais gysgu yn y bra hwn fel bod y gwacter yn cael ei lyncu rywsut. Roeddwn wedi cael fy rhybuddio i beidio ag edrych ar y fron. Neu'r fron ddiflanedig.

Bu'r wythnos gyntaf yn broses o ymdopi â sawl emosiwn. Galar. Gwylltineb. Gofid. Hiraeth. Ofn. Penderfyniad. Ymgeleddu.

Roeddwn yn falch o weld y nyrsys bob dydd. 170ml ddydd Mawrth – y bag yn gwegian. Mor anghyfforddus i gysgu. Methu troi a throsi. Popeth yn tynnu. Roedd yr hylif gwaedlyd a'r clotiau gwaed anghynnes yn atgof dyddiol o'r llawdriniaeth.

Ar y bore Mercher, pan ddychwelodd y nyrsys roedd yr hylif yn 100ml. Gostyngiad sylweddol. Fe seriwyd eu geiriau ar fy meddwl:

'When we left yesterday, we were saying to each other, you went in on Monday as one person. And you came out as another. So hard.'

Roeddwn yn fud. Beth allwn ei ddweud?

Ynghanol fy storm bersonol i fe darodd stormydd Dudley ac Eunice. Y gwyntoedd mwyaf sgythrog a garw. Doedd dim nyrs am alw ar y Gwener stormus. Fe ges i banig a siom. Roedd y syniad o neb yn galw i'm gweld am 48 awr yn fy ngwneud i'n anghyfforddus iawn. Penderfynais ddangos nad oeddwn yn hapus. Pan ges yr alwad dwedais: 'I feel very anxious if nobody calls. I would be more reassured if I had a visit.'

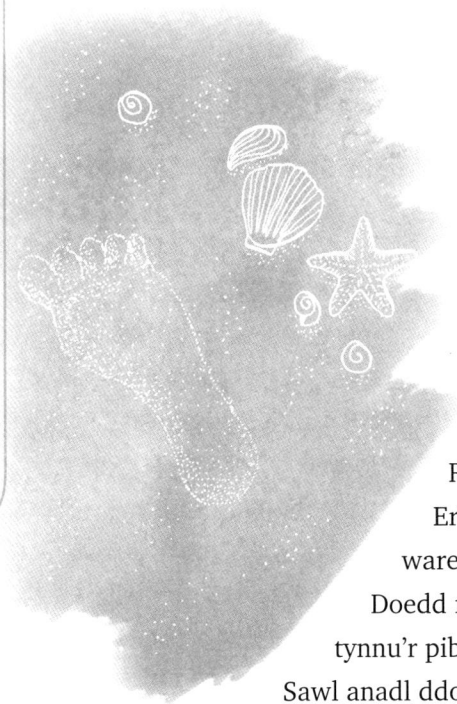

Erbyn 3, roedd Sharon yma a'r darlleniad yn 60ml. Roeddwn yn dynesu at y targed. Erbyn amser cinio dydd Sul, ces wared o'r draen a'r bag. Haleliwia! Doedd neb wedi fy rhybuddio y byddai tynnu'r pibellau cordeddog mor boenus. Sawl anadl ddofn a sawl ennyd o wasgu fy ewinedd i mewn i'r cynfasau gwely.

'It's all out. Well done you!' Mae'n siŵr mai fel hyn y mae carcharor yn teimlo pan mae'r hualau'n cael eu rhyddhau.

Erbyn yr ail ddydd Llun teimlwn fy mod yn troi cornel. Llwyddais i gael cawod. Stripio fy ngwely. Gwneud yr ymarferion mwy heriol. A mynd am dro at lan y môr. Cynnydd, yn sicr, a mwy o oleuni ar y gorwel. Cryfhau bo'r nod rŵan gan anelu at fynd 'nôl i Gaerdydd erbyn y penwythnos.

'Nôl yng Nghaerdydd

Roedd ailaddasu'n haws y tro hwn. Roedd yr ymarferion yn cael eu gwneud yn ddeddfol. Y Duolingo yn symud meddwl am orig bob dydd. Daeth yr ymwelwyr yn ddyddiol, ond doedd dim torfeydd fel y tro cyntaf.

Doeddwn i ddim wedi cael gwneud fy ewinedd ers cyn
y Dolig, felly dyma drefnu i roi shellac ar fy nwylo a'm traed.
Roedd yn rhaid wynebu merched y salon harddwch ac esbonio
fy hynt dros y deufis dwytha: 'You're as beautiful as ever, Rhian.
We would never have noticed anything different about you.'

Roeddwn i'n gwbl hunanymwybodol o fy ffurf newydd.
Roedd y fron iach yn gorwedd yn is na'r gwpan â chlustog
defnydd ynddi. Doeddwn i ddim yn gymesur. Ac roeddwn yn
sicr fod pawb yn anelu eu llygaid at fy mronnau i. O siarad â
merched eraill sydd wedi bod drwy'r drin fel fi, roedd pob un
yn gallu uniaethu â'r paranoia hunanymwybodol hwn.

Gwnes bwynt o fynd at y deintydd. Yr hygienist. Cwrdd â
ffrindiau am goffi mewn llefydd cyhoeddus. Ces hyder i wynebu'r
byd a theimlwn yn reit gyfforddus yn fy nghroen fy hun.

3 Mawrth

Dyma'r diwrnod mawr. Fy histology i gyd a'm hapwyntiad olaf
gyda'r llawfeddyg. Rhyw deimlad diffrwyth heddiw. Bron fel pe
bawn i ar automatic pilot. Am 11:15 ces fy ngalw i mewn. Gwenno
a minnau'n aros am y ddwy i'm tywys drwy'r canlyniadau.

Daeth Dr Lucy a Jess i mewn yn fywiog, serchog a gwengar.
Dweud fy mod i'n edrych yn dda:

'I'll take you through the results.'

Anadl ddofn.

'We found no further signs of cancer in the last operation.'

Cymerodd amser i mi brosesu'r newyddion hyn.
Chwerwfelys, mae'n debyg. Gallwn fod wedi cadw'r fron.
Ond ar y llaw arall, gallai'r diawl peth ddychwelyd.

Yna aeth ymlaen i ddweud bod sampl o'r tishiw ers y
llawdriniaeth gyntaf ar ei ffordd i labordy yn San Francisco
ar gyfer profion Oncotype DX. Hynny er mwyn dadansoddi
gweithgaredd y genynnau o fewn y tiwmor. Fel y nodir yn
syml yn y llyfryn gwybodaeth: 'Specifically, the test can help to
establish how likely the addition of chemotherapy to hormone
therapy will be beneficial to your treatment plan.'

O fewn y mis, byddaf yn cwrdd â fy oncolegydd yng
Nghanolfan Ganser Felindre er mwyn derbyn adroddiad
personol yn cynnwys fy nghanlyniad Recurrence Score.

Mae'r sgôr rhwng 0 a 100. Po uchaf fo'r sgôr, y mwyaf tebygol ydw i o elwa o chemo. Mae'r prawf hwn wedi ei ddilysu mewn degau o brofion clinigol ac mae mwy na 900,000 o bobl wedi ei ddefnyddio ar draws y byd.

Mae sawl sylw difyr wedi bod parthed taith ryngwladol y sampl o'r tiwmor. 'Dim pawb sy'n cael eu titty i fynd Transatlantic' ydy'r berl orau!

Derbyniais y newyddion, gan wybod y byddai'r driniaeth a dderbyniwn wedi'i theilwra yn bersonol i mi. Er mwyn symud meddwl ac osgoi oriau o hel meddyliau penderfynais y byddai mynd i'r gogledd am wythnos yn llesol i newid aer. Câi Mam fy ngweld i a chawn gyfle i weld rhai o'm ffrindiau.

Ers y canlyniadau, rhaid cyfaddef fy mod wedi bod mewn mwy o boen. Roedd gen i ofn fod mwy o hylif wedi cronni. Saethai poen i fyny fy nghefn. Roedd y clwyf yn tynnu. Roeddwn yn synnu nad oeddwn cystal yn wythnos 3. Fe'm darbwyllwyd i gysylltu â'r nyrs. Y cyngor ges i oedd tylino'r hylif o gylch y clwyf er mwyn ceisio ei chwalu. A chymryd poenladdwyr.

Oedd gen i'r gyts i dylino'r cnawd amrwd? Syllu ar y graith oedd yn arwydd o'r hyn a gollwyd? Roedd y croen mor dyner. Y graith yn gwella. Ond yr hanner lleuad filain yn dysteb o'r artaith a fu. Ond fel y dwedodd ffrind sydd wedi bod drwy hyn:

'Ydy, mae'r wynebu'n anodd eithriadol. Syllu ar y gwacter ac asgwrn y frest. Ond mae'r alternative yn waeth!'

Gwelais ddyfyniad ar y we oedd yn taro deuddeg i'r dim:

'It hurts when you go through something that kills you inside but you have to act like it doesn't affect you at all.'

Yn foreol, cymerwn gawod. Treulio ychydig bach mwy

o amser yn rhoi llen o golur. Gwisgo sgarff oedd wedi cael ei gosod yn strategol ofalus dros fy ochr dde. Camu allan drwy'r drws. Sefyll yn dalsyth a gwenu. A minnau'n teimlo fel petai'r byd yn syllu arna'i mewn modd cwbl wahanol, fu'r ystrydeb o wisgo mwgwd erioed mor wir â hyn.

Y gogledd

Doeddwn i ddim wedi gweld Mam ers dechrau'r flwyddyn. Felly ces lifft i fyny gan fy nghyfnither ar y dydd Llun. Roedd hi'n braf cael cwmni yn y car. Braf cael newid aer. Ac roedd Mam yn falch iawn o'm gweld i. Doeddwn i heb weld neb o'm ffrindiau ers y Dolig. Tri mis i gyd. Felly trefnwyd cyfres o owtins. Caffi Aber Falls gyda Mam a Dylan. Oriel Môn efo Mam a Dylan. Cinio allan efo Mam ac Anti Mair. Roedd Anti Mair wedi cael codi ei bron flynyddoedd yn ôl. Gwn ei bod hi a Mam yn cael sgyrsiau cyson, a bod hynny'n gysur i Mam ac yn hwb iddi. Roedd gan Mam dair ffrind ac un gyfnither oedd wedi cael codi'u bron. Pan nad oeddwn i adref, gwn fod galwadau di-ri gan y pedair wedi bod yn gefn iddi hi. A hithau'n gorfod bod yn gefn tawel i mi. Yna ar y pnawn Gwener es am dro gyda Carol a'i dau ŵyr. Ac roeddwn wedi dotio. Elis a Mei. Llond croen o fywiogrwydd a chynhesrwydd. Roedd Elis yn dair oed. Yn llyncu geiriau newydd fel sbwng. Tra syllai ar alarch oedd yn llithro ar wyneb y Fenai, holais: 'Be ydy mwy nag un alarch, Elis?' A dyna lle buom ni'n dau'n siantio: 'Alarch – Elyrch! Alarch – Elyrch! Alarch – Elyrch!' Roedd hi'n gymaint o gysur bod yng nghwmni y bwndel yma o afiaith a drygioni.

Roeddwn wedi gofyn i ffrindiau alw yn y tŷ i siecio'r post i mi. Roedd gen i gymaint o ofn colli fy apwyntiad yn Felindre. Cyrhaeddodd y llythyr yn dweud y byddwn yn cwrdd â'r oncolegydd ddydd Iau, 24 Mawrth am 1:45. Roedd popeth yn mynd fel watsh. Noson yn Nhydrath gyda'm chwaer-yng-nghyfraith, Nia, ar y nos Fawrth. Cinio yn lle Hywel Griffith ym Mae Oxwich ar y pnawn Mercher. Noson 'nôl yng Nghaerdydd ar y nos Fercher cyn yr apwyntiad.

Ond fe'm trawyd gan Covid. A minnau wedi llwyddo i'w osgoi ers dwy flynedd, oedd raid i mi ei ddal tra oeddwn yn y gogledd? Mi fûm i'n ddigon ciami ag o. Cur pen ofnadwy. Y corff yn brifo. Dim egni. A thagiad cas. Yr amseru'n ofnadwy ... Doedd dim amdani ond cael fy nghanlyniadau dros y ffôn yn hytrach nag oedi am wythnos arall.

Roedd aros am yr alwad yna ar y pnawn Iau yn erchyll o boenus. Er fy mod i wedi paratoi fy hun yn feddyliol am y gwaethaf, roedd rhimyn o obaith yn llechu yn fy stumog.

Daeth yr alwad gan Dr Annabel Borley am 2:15. Roedd hi'n hyfryd ar y ffôn ac yn asesu faint oeddwn i'n ei ddeall am yr hyn oedd wedi digwydd yn y lab yn San Francisco. Roeddwn wedi darllen y pamffled droeon, ac wedi prosesu cymaint ag y gallwn am nod y profion.

Suddodd fy nghalon. Roedd fy sgôr yn 42. Ddim yr uchaf o bell ffordd. Ond sgôr oedd yn gwarantu'r budd o gael cemotherapi.

Ym mêr fy esgyrn, gwyddwn nad oedd y Tamoxifen wedi lleihau'r tiwmor. Er fy mod wedi bod arno am naw mis. Roedd y tiwmor o'i dynnu yn 5cm. Sef yn fwy nag oeddwn wedi ei dybio. Roeddwn eisiau cadarnhad fod hyn yn 'preventative'. Osgoi, cymaint ag y gallwn i, fod y diawl peth yn dychwelyd. Ac mi ges i'r cadarnhad hwnnw. Rwy'n cofio brawddegau megis:

'I know it's not the news you wanted.'

'You will probably lose your hair.'

'Do you know anybody else who has been through chemo?'

Pan holais a fyddwn i angen radiotherapi, y dyfarniad oedd cwrs wythnos wedi chwe sesiwn o chemo. Felly dyma aildrefnu i mi gwrdd â hi wyneb yn wyneb i roi gwaed, edrych ar fy ngwythiennau a thrafod y cynllun o driniaethau.

Daeth Nia â fi 'nôl lawr i Gaerdydd wedi i mi gael canlyniad negyddol. Mae Nia yn un o'r merched ymarferol yna sy'n gwybod beth i'w wneud a'i ddweud ymhob argyfwng. Roedd wedi trefnu bwrdd yn Heaneys i ni'n dwy wedi cyrraedd 'nôl. Roedd compost a phlanhigion tomatos a courgettes yn y bŵt. Trawsnewidiwyd fy ngardd. Tomatos mewn bag tyfu, courgettes mewn twba du helaeth. Digon o le i'r dail gael sbydu. A'r sied wedi ei thacluso o'r top i'r gwaelod. Does dim pris ar gael cymorth mor ymarferol. Ces fy nghyffwrdd yn fawr gan ei choflaid gariadus a hael.

EBRILL 2022

Ffitio'r prosthesis

Oherwydd Covid, bu'n rhaid i mi ohirio mynd i Landochau i gael fy mesur am brosthesis. Felly dyma aildrefnu a mynd gyda Catrin Griff i gael fy nhrawsnewid, gobeithio. Roedd mynd 'nôl i Landochau yn brofiad rhyfedd. Doedd dim sgan y tro hwn. Dim canlyniad. Dim archwiliad. Mewn rhyw ffordd ryfedd roeddwn yn edrych ymlaen at gael y prosthesis er mwyn gallu dechrau teimlo'n debycach i mi fy hun.

Cyrhaeddodd Jess am 2 a thywyswyd Catrin a fi i'r stafell fesur. Roedd y stafell yn fy atgoffa o siop sgidiau Clarks erstalwm. Llu o focsys cardbord wedi'u pentyrru ar y silffoedd a maint gwahanol ar bob bocs. Lle i ddechrau? Y cam cyntaf oedd gwisgo bra arbennig gyda phoced yn y ddwy gwpan. Yna arbrofi gyda phob math o fowldiau plastig i weld pa un oedd yn paru orau â'r fron gadwedig. Wel, roedd rhai ohonyn nhw mor drwm. Allwn i ddim dychmygu cerdded o gwmpas gyda horwth o beth mor drwsgwl yn fy mron. Ond haleliwia, daeth dau i'r brig. Maint 8 a maint 9. Roedden nhw'n ysgafn. Yn siapus. Ac yn lled naturiol, er eu bod yn synthetig. Yn ychwanegol ces un arall ar gyfer mynd i nofio. Defnydd mwy sgleiniog â rhychau arno.

Bydd rhaid cael drôr ychwanegol i ddal yr holl brops yma!
Yna ces gatalogau'n llawn bras amrywiol a thalebau tuag at eu
prynu. Does dim rhaid talu treth ar fras ar gyfer pobl sydd wedi
codi'r fron. Un fendith, mae'n siŵr. Dyma archebu pedwar ar
ôl dod adref. Rydw i wedi cadw dau oedd gen i gyda weiren.
Ar gyfer achlysuron arbennig, yndê!

7 Ebrill: Felindre

Doeddwn i ddim yn gwybod beth i'w ddisgwyl heddiw. Roeddwn
wedi dod i arfer â Llandochau ac mewn rhyw ffordd ryfedd, yn
teimlo'n gyfforddus yno. Ond roedd rhyw naws ddieithr ac
anghyfarwydd i'r lle yma yr oeddwn i wedi clywed cymaint
amdano dros y blynyddoedd.

Wedi i ni barcio, gallwn weld twnnel plastig gwyn yn arwain
at y fynedfa. Golygfa ddigon tebyg i'r lluniau roeddwn wedi'u
gweld o ganolfannau Covid dramor. Cymerwyd fy nhymheredd
a gwisgais eu mwgwd papur nhw. Doedd Gwenno ddim yn cael
dod i'r stafell aros gyda mi.

Fe'm sobrwyd pan eisteddais yn y stafell aros. Roedd pawb
yn edrych mor sâl. Cadeiriau olwyn. Creithiau a phwythau ar
benglogau. Golwg wedi dychryn ar bawb. Ces fy nhemtio i
gwblhau gwers Duolingo. Ond roedd gen i ofn na chlywn fy
enw'n cael ei alw.

Fu ddim rhaid i mi aros yn hir. Nyrs gyfeillgar yn fy nhywys
i gael cymryd fy mhwysau gwaed. A doedd hi'n ddim syndod
– roedd yn uchel, unwaith eto.

'You're probably anxious being in this environment, aren't you?'

Yn fendithiol, roedd fy mhwysau'n iawn o ystyried fy nhaldra. Wedi mynd drwy'r broses hon fe'm galwyd i gwrdd â'r nyrs, Lesley. Cafodd Gwenno ddod gyda mi i'r cyfarfod hwn. Roedd realiti yn taro rŵan. Llond gwlad o bamffledi yn rhestru sgileffeithiau cael cemotherapi. A fyddwn i'n eu darllen? Maes o law, mae'n siŵr. Yna daeth Dr Annabel Borley, fy oncolegydd, i mewn. Roeddem wedi siarad ar y ffôn, ond dyma roi wyneb i'r llais. Personoliaeth hynaws a thawel y gallwn deimlo'n ddigon cartrefol yn ei chwmni. Gan nad oeddwn wedi bod drwy'r menopôs eto, penderfynwyd y byddwn yn derbyn chwistrelliad o Prostap bob tri mis er mwyn atal y mislif. Roedd hynny'n newyddion da gan fy mod wedi cael blynyddoedd hunllefus o boen annioddefol yn fisol. Yn ogystal, fe fyddai chwistrelliad calsiwm bob chwe mis er mwyn atal osteoporosis. Yn anorfod, mae sgileffeithiau o gymryd y cyffuriau hyn hefyd. Ond mae tystiolaeth eu bod nhw'n atal y cancr rhag dychwelyd. Wedi siarad gyda sawl un penderfynais na fyddwn yn cymryd y cold cap. Roedd hi'n dra thebygol fy mod i am golli fy ngwallt, felly pam dioddef cur pen ychwanegol o wisgo'r helmed rewllyd hon hefyd? Doedd dim dyddiad dechrau gan fod cynifer o'r nyrsys wedi'u taro â Covid. Felly dyma ddechrau ar broses aros arall.

Wedi gadael yr ysbyty a dychwelyd adref gwnes restr o bethau roedd angen i mi eu gwneud cyn dechrau ar fy nhriniaeth:

- Torri fy ngwallt yn fyr, fel bod y broses o golli'r gwallt yn llai drastig
- Trefnu apwyntiad i gael ffitio'r wig gyda'r daleb o £100

- Prynu juicer fel fy mod yn cael y maeth angenrheidiol yn y dyddiau pan na fyddai archwaeth bwyd arna'i
- Prynu siampŵ sy'n garedig i'r gwallt a'r pen yn ystod cemotherapi
- Archebu sgarffiau amrywiol i'w gwisgo dros fy mhen pan na fyddai gen i wallt
- Plannu blodau yn yr ardd fel bod gwledd o liw yno i godi fy nghalon.

Roeddwn yn hynod o ffodus fod gen i fintai o bobl oedd yn mynd drwy'r driniaeth hegar hon yr un pryd â mi. Anwen, cyn-ddisgybl oedd wedi dechrau ar ei thriniaeth chemo fis o fy mlaen i. Mari, cyn-ddisgybl arall oedd yn dechrau ar ei thriniaeth hi fis ar fy ôl i. Leri Twynog oedd wedi cael ei thriniaeth hi. Roedd ein patrwm a'n hynt ni i gyd mor wahanol. Ond roedd un peth yn ein clymu ni i gyd yn dynn wrth ein gilydd: roeddem yn wynebu'r peth mwyaf brawychus yn ein bywydau hyd yn hyn. Gyda'n gilydd, roeddem yn gefn i'n gilydd ac yn gallu rhannu ein hofnau duaf a dyfnaf.

20 Ebrill: torri gwallt

Wedi darllen yr holl bamffledi a'r meddwl yn un gybolfa o arswyd ac ofn, penderfynais daclo rhywbeth ymarferol cyn dechrau ar y driniaeth: cael torri fy ngwallt yn fyr. O leia wedyn, byddai colli gwallt yn llai o drawma. Roedd Siân Owen, ffrind arall oedd wedi bod drwy'r un drin, wedi rhannu llawer o gyngor ymarferol gyda mi. Hi a'm hargyhoeddodd na fyddai'r chemo cynddrwg ag yr oeddwn i wedi ei ofni. Hi awgrymodd fy mod yn torri fy ngwallt yn fyr. Hi ddangosodd ei chraith i mi yn dilyn codi'r fron. Hi awgrymodd fy mod yn prynu juicer. A hi fu gyda mi wedi pob triniaeth yn cael seiat a chadarnhau ei bod hi'n 'normal' i mi deimlo'r corwynt o emosiynau a'r chwalfa gorfforol.

Trefnodd Nia, fy nghyfnither, i mi gael torri fy ngwallt yn yr un lle â hi. Gyda Hayley. Roedd cwrdd â Hayley fel chwa o awyr iach. Ysgydwodd fy llaw. Yn bwten fechan llawn bywyd. Cynhesais ati hi'n syth. Roedd Nia eisoes wedi egluro fy hanes wrthi, felly doedd dim angen esbonio'r rhesymau dros dorri fy ngwallt yn fyr.

'I'm going to get you a glass of wine,' meddai hi.

'It's only 11 in the morning,' atebais â gwên.

'I think you've been through enough. And you deserve it.'

Cawsom hanner awr hyfryd yn sgwrsio. Dod i nabod ein gilydd. Ac wrth i'r gwallt lanio'n gudynnau ar hyd y llawr fe'm gweddnewidiwyd. Roeddwn yn edrych yn dipyn mwy sionc. A'r toriad yn llawer mwy modern. Buddsoddais mewn siampŵ ar gyfer pobl sy'n mynd drwy chemo, un nad oedd cemegion ynddo. Roedd Hayley wedi rhannu llawer o gynghorion doeth gyda mi. Pan fyddwn yn colli fy ngwallt, roedd hi am ei siafio. Doedd hi ddim am i mi orfod wynebu'r artaith hwnnw. Yn yr un modd, roedd ci rheolwraig hi'n arbenigo ar dorri wigs.

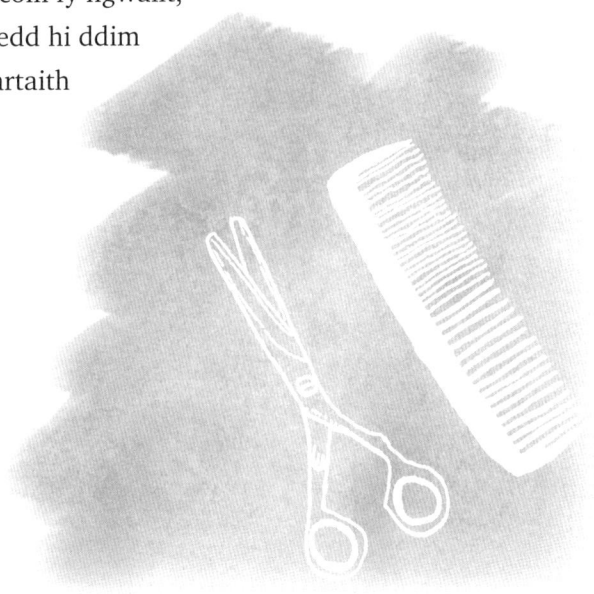

Felly, unwaith i mi gael un, gallwn fynd at Leanne er mwyn efelychu fy steil gwallt newydd i. Cerddais allan o'r salon yn teimlo cymaint yn ysgafnach. Roedd Hayley wedi gwneud cymaint i mi yn seicolegol.

Ers torri fy ngwallt, rydw i wedi cael cymaint o gompliments. Tydw i ddim yn siŵr ai bod yn garedig mae pobl ond yn sicr, mae'n llawer haws ei drin yn fyr.

26 Ebrill: dewis wig

Y cam nesaf oedd dewis wig. Gwneud apwyntiad yn y Castle Arcade am 10 y bore. Nia yn dod gyda mi a'r daleb o £100 yn saff yn fy mag. Roedd hwn yn brofiad newydd eto. Yn yr un modd, gwnaeth Sarah i mi deimlo mor gartrefol. Cymerodd gip arna'i a dod â phedwar wig mewn bocs i mi eu trio. Gwallt synthetig oedd ar bob un. Mae rhai â gwallt naturiol yn costio bron i £2,000! Y cam cyntaf oedd rhoi rhyw hosan, digon tebyg i deits, i dynnu fy ngwallt i'n ôl. Roedd yn edrych yn debyg i gondom ar fy mhen i! Ac yna plannwyd pob wig yn ei dro ar fy mhen. Roedd Sarah yn giamstar ar ei gwaith. Tylino a brwsio'r gwallt fel ei fod yn mynd i'w le yn donnau mwy naturiol. Nia yn gwylio'r broses o'r drws ac yn rhoi ei barn. Yn sicr, yr hyn oedd yn amrywio rhwng pob un oedd eu lliw. Un yn dywyllach na'm lliw presennol a hwnnw'n fy ngwneud i'n fwy gwelw. Un arall oedd yn fwy ariannaidd ac yn fy atgoffa o wallt Sindy erstalwm. A'r un a ddewisais yn debycach i'm lliw a'm steil i. Byddai angen teneuo'r ochr dde, ond roedd yn fwy naturiol ac yn debycach i sut ydw i bob dydd. Sut oedd golchi'r wig?

Ces arddangosfa a'r siampŵ pwrpasol yn cael ei brynu hefyd.

Es ymlaen i John Lewis wedyn i brynu dau eye liner newydd. Byddai angen pob help â cholur rŵan i wynebu'r byd.

Ar ôl derbyn cyngor i fynd allan i gerdded cymaint ag y gallwn, cysylltais â Jo yn y gampfa. Wedi tro hir gyda hi, trefnwyd y byddwn yn cwrdd â hi am sesiynau un-i-un er mwyn gwneud ymarferion pilates a dygnwch. Roedd hi'n adnabod reflexologist oedd â diddordeb mawr yn y menopôs. Felly dyma gyswllt arall defnyddiol i'm cefnogi drwy gymal olaf y daith heriol hon.

Er nad ydw i wedi cael babi, dychmygaf fod yr holl gamau paratoi rwy'n eu cymryd cyn dechrau chemo yn debyg:

- Llenwi'r rhewgell
- Newid fy ngwely
- Siopa bwyd
- Tacluso'r ardd
- Cwrdd â ffrindiau agosaf.

MAI 2022

Cemotherapi

Felindre. Chemo. A phennod arall yn y stori hon. Roedd yr enw 'Felindre' gwastad yn gyrru cryd i lawr fy nghefn. A rŵan roeddwn i ar fin dechrau cyfres o sesiynau yno er mwyn concro'r diawl peth 'ma.

3 Mai

Cyfres o brofion gwaed a chael fy mhwyso heddiw. Hynny'n ddigon didrafferth. Yna cwrdd â Barbara, y nyrs fyddai'n edrych ar fy ôl trwy gydol y driniaeth. Roedd hi'n hyfryd. Mamol a chysurus. Ar ôl mynd drwy'r holl sgileffeithiau roedd angen llofnodi ffurflen ganiatâd ar gyfer parhau â'r chemo a'r pigiadau Prostap i brysuro'r menopôs. Gwnes restr o bethau yr argymhellwyd i mi eu prynu, rhag ofn:

- Paracetamol
- Ibuprofen
- Drops llygaid ar gyfer llygaid yn crafu
- Imodium (rhag dolur rhydd)
- Ducolax (rhag rhwymedd)
- Gaviscon (rhag dŵr poeth)
- Vaseline (er mwyn cymell y mucus pan gollaf y blewiach yn fy nhrwyn).

Pe bai rhywun yn aros i brosesu popeth, wn i ddim a fyddai unrhyw un yn mynd am y driniaeth gyntaf yn dawel ei feddwl.

Ces wydriad mawr o win gyda Mari ar y nos Fawrth a phenderfynu trefnu i Alan alw drannoeth i dorri'r llwyni a pheintio'r wal gefn. Roeddwn yn symud fy meddwl ac roedd rhywbeth cynhyrchiol yn digwydd.

5 Mai

Am 8 y bore, casglodd Betsan fi'n brydlon. Roeddwn mewn hwyliau da a rhyw deimlad fy mod i eisiau i hyn ddechrau. Mae wedi bod yn flwyddyn hir! Roedd rhes o geir yn y maes parcio. Fflyd o ferched yn cael eu tywys gan ffrindiau a theulu. Y rhan fwyaf yn camu o'r ceir mewn sgarffiau pen. Doeddwn i ddim yn meddwl fy mod i'n betrus na phryderus ond pan gymerwyd fy mhwysau gwaed, roedd y darlleniad – eto fyth! – yn dweud yn wahanol. Cymerais sawl anadl ddofn a cheisio meddwl am draethau pellennig a ffurfafen las. Haws dweud na gwneud.

Roedd chwe gwely ar y ward ddyddiol. Ces ddewis fy sedd a honno yn y gornel fel nad oedd rhaid i mi siarad â neb arall. Roedd y pump arall yn amlwg wedi arfer â'r drefn. Rhai wedi dod â sanau cynnes i newid iddyn nhw. Eraill yn rhoi iPods yn eu clustiau ac yn ymgolli mewn cerddoriaeth. Eraill yn gwneud posau geiriau. Er bod gen i lyfr, doedd fawr o awydd darllen arna i. Doedd y feddyginiaeth chemo heb gyrraedd y fferyllfa. Felly roedd rhaid oedi cyn dechrau ar y driniaeth. Ces bump o dabledi i'w cymryd fyddai'n helpu i atal salwch. Yna roedd angen chwilio am wythïen dda, er mwyn rhoi'r chwistrell ynddi. Yn ffodus, fu fawr o drafferth cael gafael ar un. Efallai fod y ffaith fod pawb ohonom yn trochi ein llaw mewn powlen o ddŵr poeth yn gyntaf yn hwyluso hyn.

Roedd yr ail ddarlleniad pwysau gwaed yn uchel o hyd. Allwn i ddim gweld sut y byddai hwn yn gostwng o fewn awyrgylch oedd yn llawn haint a thristwch.

Ces wybod wedyn y byddai Sarah, y nyrs arbenigol, yn eistedd gyda mi trwy gydol fy nhair triniaeth gyntaf. Ar y naill law, roedd hyn yn gysur. Ar y llaw arall, roedd rhywbeth reit glostroffobig am y syniad.

O'r diwedd, cyrhaeddodd y chemo. Gostyngodd fy mhwysau gwaed a dechreuwyd arni. Roedd saith ffiol fawr yn y bocs. Tair ohonynt yn goch fel gwaed. Y rhai coch aeth i mewn yn gyntaf. Ces rybudd plaen: petawn i'n teimlo crafu, cosi, poethi, cur pen, poen cefn – roeddwn i ddweud yn syth. Roedd Sarah yn gwylio fy llaw fel barcud. Yn anorfod, pan mae rhywun mewn sefyllfa o'r fath rydych yn dechrau meddwl bod rhyw wayw yn eich taro. Erbyn yr ail ffiol, roedd rhyw ysictod wedi dod drosta i. Llowciais fy nŵr a dweud dim. Byddai'n mynd heibio. Cyrhaeddodd y troli bwyd a diod a chymerais baned o de cryf. Roedd meddwl am fwyta brechdan tiwna a'r hylif coch yma'n pwmpio drwy fy nghorff yn troi fy stumog.

Aeth y ffiolau eraill drwy'r gwythiennau'n ddigon di-lol. Roedd rash coch dros wddw Sarah druan. Dwi'n siŵr ei bod hi, fel fi, ar bigau'r drain. Tipyn o gyfrifoldeb iddi. Edrychais i'r chwith a gweld y gŵr trwsiadus yn y crys siec yn cysgu. Roedden nhw'n cael trafferth rhoi'r nodwydd i mewn i wythïen y ddynes gyferbyn. Galwyd am nyrs benodol oedd yn amlwg yn giamstar â nodwyddau.

Rhyddhad enfawr oedd clywed bod y broses drosodd. Awr a hanner i gyd, ond yr aros oedd waethaf.

Er mwyn gorffen y coctel cyffuriau daeth Siân, y sister, i roi'r chwistrell Prostap yn fy stumog.

'What side would you like, Rhian?'

'There's plenty of flab on both,' atebais. 'You choose.'

'Don't be silly!' atebodd. 'You've got a lovely stomach.'

Mynd am yr ochr dde ac i mewn â'r nodwydd oedd yn mynd i atal holl weithgarwch yr ofaris. Roeddwn wedi cael digon o helynt gyda fy mislif ers fy nauddegau. Gobeithio'n wir fod gosteg ar y gorwel.

Casglwyd fi am hanner dydd ac aeth Betsan â fi i gaffi braf yn yr awyr agored ym Mhontcanna. Tost gydag afocado oedd fy newis. Ond dyma ddifaru fy enaid: fe gododd y fath bwys arna i y noson honno fel na allwn i feddwl am fwyta afocado am sbel hir iawn.

Ymateb i'r driniaeth

Mae'n debyg fod hanes pawb wrth fynd drwy'r driniaeth hon yn amrywio. Mae gen i gerdyn argyfwng nawr y mae'n rhaid i mi ei gario ar bob achlysur. Ar y cerdyn mae rhif ffôn argyfwng y dylid cysylltu ag ef os ceir unrhyw un o'r symptomau a enwir arno.

Anodd iawn oedd ymlacio a chael noson dda o gwsg y noson honno a minnau'n dadansoddi fy holl ymateb i'r driniaeth. Oedd fy nghoes i'n boeth? Clot? Oedd rash ar fy mraich? Oeddwn i'n teimlo'n sâl? Oeddwn i am chwydu? Oedd fy nhymheredd wedi codi?

Cwsg digon anwadal fu cwsg nos Iau. Sut fu pethau wedyn? Y disgrifiad gorau ydy teimlo fel petawn i wedi cael fy nharo gan fws. Lludded na theimlais mo'i debyg o'r blaen. Dim nerth i wneud y peth lleiaf. Tydw i ddim yn un i eistedd yn llonydd.

Rwy'n casáu gorweddian. Ond allwn i ddim yn fy myw gael yr egni lleiaf.

Dim awydd bwyd. Y syniad o fwyd yn codi pwys. Ond roedd rhaid bwyta i gael nerth. Penderfynais ddilyn fy ngreddf a bwyta'r hyn oeddwn i ei awydd. Cnau cashew. Rôl wy. Smwddi mefus a mafon. Tost a jam. Rydw i wrth fy modd yng nghwmni pobl, ond roeddwn eisiau fy nghwmni fy hun. Y ffôn yn canu. Peidio'i ateb. Anfon neges destun.

Galwai ffrindiau'n ddyddiol. Roedd pawb mor, mor garedig. Ond wrth edrych arnyn nhw, roedden nhw'n ymddangos fel pe baen nhw'n rhan arall o fy mywyd. Roeddwn i ar ynys fechan yn padlo â deng ewin, ond dim egni yn y tanc i gynnal sgwrs a minnau'n falch o gael dychwelyd i dawelwch fy nhŷ. Un o'r ychydig bethau yr oedd gen i archwaeth amdano oedd brechdan wy felly roeddwn mor falch o weld Nia Ebs yn galw gyda brechdan wy, iogwrt naturiol, mefus a mafon. Maen nhw'n dweud eich bod chi'n cael awydd am y pethau rhyfeddaf pan fyddwch chi'n disgwyl babi. Felly'n union y teimlwn innau ar ôl y ddos o gemotherapi.

Roedd pawb yn dweud bod yr wythnos gyntaf yn anodd. Symptomau newydd ac anghyfarwydd. Gorfodais fy hun i gerdded 5k ar y dydd Sul, yn bennaf er mwyn dod allan o'r tŷ. Yn ogystal, er mwyn profi fy hyder. Edrychais ar y fasged smwddio a brwydro drwy'r domen o ddillad gwely.

Gobeithio'n arw y bydd y cwmwl yma'n codi ac y caf fwy o egni ac awydd yn ystod y dyddiau nesaf i gwrdd â ffrindiau tu allan a dreifio fy nghar ddydd Gwener i dorri fy wig ym Mhenarth.

6 Mai

Doeddwn i ddim wedi edrych ar y wig ers ei brynu. Roedd
y bocs yn un swp o wallt artiffisal. Tebyg i toupée, mae'n siŵr.

Dwi rŵan wedi dechrau prynu trît i fi fy hun bob tro dwi'n
gorfod gwneud rhywbeth ych-a-fi. Tra'n cerdded at y lle gwallt
fe welais siop sgidiau neis. Roeddwn awydd pâr o dreinyrs
cerdded cyfforddus oedd hefyd yn reit trendi. Roedd pâr yn
sbecian arna i drwy'r ffenest. A bu'n rhaid mynd i mewn.
Roeddwn wedi clywed am y brand Geox ond 'rioed wedi prynu
sgidiau ganddyn nhw. Roeddan nhw'n ffitio fel maneg ac ychydig
o sawdl i'm hesgyn yn 5 troedfedd a 6 modfedd gyflawn!

Roedd dau fag yn dod efo fi i'r lle gwallt. Bag y sgidiau a
bag y wig. Ces baned o de a chlywed gan Leanne na fyddai'n
hir. Yn hynod sensitif, fe'm tywyswyd i'r llawr isaf lle nad oedd
neb arall. Preifatrwydd a llonyddwch i wisgo'r wig heb deimlo'n
hunanymwybodol.

Roedd hi'n hyfryd efo fi. Tocio'r wig yn gelfydd, ei deneuo
a'i siapio'n debycach i'm steil i. Bu wrthi am ugain munud a'r
trawsnewidiad yn tyfu arna i.

Tra oeddwn yn eistedd yno daeth bachgen ifanc i mewn
i'r stafell, steilydd yn y lle gwallt. Ei nabod yn syth – Macsen,
cyn-ddisgybl.

'O, Miss, dwi'n rili licio'ch gwallt chi. Mae o'n lyfli.'

'O! Diolch i ti, Macsen. Wig ydy o, cofia.'

'Rili?' oedd ei ymateb. Roedd ei eiriau cwbl ddiffuant yn
gysur mawr i mi.

Eistedd ar fy mhen fy hun am ychydig wedyn er mwyn dod

i arfer â'r wig. Roeddwn yn gwybod y byddai hwn gen i rŵan yn arfogaeth i wynebu'r byd a chael yr hyder i gerdded yn dalsyth. Joban arall wedi ei gwneud.

14 Mai

Cerddais 15 milltir heddiw. Roedd hi'n ddiwrnod braf, yr haul yn tywynnu. Teimlo'n llawn egni.

Roeddwn wedi arbed y dyfyniad hwn gan Maya Angelou ar fy ffôn:

> I can be changed by what happens to me, but I refuse to be reduced by it.

Doedd hwn ddim yn mynd i fy nghoncro i. Ces wybod bod ymgyrch y criw gwaith, Dro Da Dros Rhian, wedi cyrraedd ei darged o £2,500 erbyn 16 Mai. Cododd hyn fy nghalon o wybod bod arian yn mynd at Uned Cancr y Fron, Llandochau.

15 Mai

Roeddwn yn gwybod pan ddeffrais i fod heddiw yn mynd i fod yn anodd. Diwrnod o guddio rhag y byd a'i bethau. Dydd o encilio. Roedd Leri P fod i alw am baned am 11. Ond doedd gen i mo'r egni i roi'r tegell ymlaen. Felly canslo Leri. Codi i yfed smwddi a mynd 'nôl i 'ngwely. Llwyddo i gysgu tan 12!

Cawod a gwisgo. Allwn i ddim wynebu cinio. Ond roeddwn yn wan fel cath. Banana a iogwrt Llaeth y Llan. Bron â drysu gyda fy anallu i symud gewyn na wynebu dim. Gorwedd drwy'r dydd ar y soffa yn gwylio pedair pennod o *Downtown Abbey*, a llwyddo i ymgolli'n llwyr. Doeddwn i erioed wedi dyheu cymaint am fynd i fy ngwely. Llwyddais i aros ar fy nhraed – neu o leia ar fy hyd – tan tua 8 yr hwyr. Meddyliais y baswn yn cael cysur o wrando ar emynau *Dechrau Canu, Dechrau Canmol*, ond doedd hynny'n fawr o hwb! Gyrrais negeseuon at ffrindiau yn gohirio pob ymweliad. Ymddwyn yn lled bositif gyda Mam, rhag ei phoeni. Diwrnod cachu a bod yn onest. Roedd popeth roeddwn yn ei roi yn fy ngheg yn mynd yno groes graen. Doedd dim awch am fwyd. Gydag imi lyncu unrhyw beth deuai ysfa i'w glirio yn y tŷ bach yn gwbl ddirybudd. Gweddïaf y bydd wythnos nesa'n well.

16 Mai

Gwell wythnos. Llwyddo i gwrdd â ffrindiau, mynd am dro bob dydd a bwyta ychydig bach mwy. Doedd bwyd ddim yn blasu yr un peth. Ymddangosodd dau bloryn ar fy wyneb ac roedd fy ngwallt yn llipa a thenau.

Roedd pawb yn sôn am bwysigrwydd buddsoddi ynof fi fy hun. Felly ces massage oncology brynhawn Mawrth oedd yn gwbl fendigedig. Olew Jennifer Young yn cael ei dylino dros y cyhyrau blinedig. Ar y dydd Iau es am fy sesiwn reflexology gyntaf gyda Joan oedd wedi ei hargymell i mi.

Tydw i erioed wedi gallu ymlacio a ffoi fel hyn o'r blaen. Bron fel mynd i drwmgwsg ond yn ymwybodol o'r hyn oedd yn digwydd o'm cwmpas. Nodwyd y canlynol fel mannau gwan:

- Y gwddw a'r sgwyddau
- Y fron yn dyner

- Yr ofaris yn chwyddedig
- Y spleen yn gweithio'n galed.

Roedd yr ardaloedd hyn a gynrychiolir ar fy nhraed yn dyner ac yn brifo wrth iddi dylino'r droed yn fedrus.

Teimlais yn ysgafnach wrth adael ac roeddwn wedi trefnu sesiwn arall mewn tair wythnos.

Es ymlaen o fan honno i Lidl i brynu bagiau tyfu i'r ardd er mwyn gallu plannu fy nhomatos. Roedd rhyw bleser rhyfedda i'w gael o weld y dail bregus yn cael eu hamddiffyn gan bolion bambŵ. Gobeithio rŵan y cawn i drwch ohonynt yn ffrwyth fy llafur.

20 Mai

Codi am 7 er mwyn bod yn barod i agor y drws i beiriannydd y peiriant golchi llestri. Roeddwn fel wew erbyn 10! Newyddion da: gwresogydd y peiriant oedd wedi torri, felly byddai'n archebu un newydd i mi a deuai'n ôl mewn wythnos i'w ffitio.

Sylwais y bore 'ma fod gwallt ar hyd fy nghrys chwys. Dafnau tenau yn glwstwr ar hyd y cefn. Roedd y broses yr oeddwn wedi poeni amdani ar fin dechrau. Dyma drefnu i dorri 'ngwallt yn fyr iawn o fewn yr wythnos er mwyn trio rheoli'r galar ychydig yn haws.

Roedd sesiwn un-i-un pilates wedi'i threfnu gen i brynhawn heddiw. Byddai hynny'n helpu i symud fy meddwl oddi wrth her y colli gwallt.

Yn ffodus, roedd gen i benwythnos o drefniadau braf gyda ffrindiau hyfryd. Cadw'n brysur. Symud y corff. Digon o gwsg!

21 Mai

Mor sydyn y mae pethau'n gallu newid dros nos! Deffro fore Sadwrn a theimlo gwayw ofnadwy yn fy mraich dde. O archwilio, sylwi ar lwmp caled o dan y croen a chylch coch o'i gylch. Doeddwn i heb ffonio'r llinell ffôn argyfwng o gwbl, ond ces ddigon o synnwyr i wneud hynny. O fewn yr awr, roeddwn yn uned asesu brys Ysbyty Llandochau. Pedair awr yn ddiweddarach des adref gydag antibeiotics cryf a phigiad i deneuo'r gwaed wedi'i roi imi cyn gadael.

Bûm 'nôl ar y dydd Sul a'r dydd Llun i gael y pigiad teneuo gwaed i reoli'r hyn y tybiwyd ei fod yn glot arwynebol. Un o sgileffeithiau cyffredin cemotherapi.

24 Mai

Ces sgan yn Felindre ar y bore Mawrth i gadarnhau ai clot oedd yn achosi'r boen. Roedd y radiolegydd yn hyfryd a dwedodd nad oedd hyn yn beryglus. A phe bawn i wedi cael un ddeunaw mis yn ôl, fydden nhw ddim wedi'i drin o gwbl. Roedd hi am sgwennu adroddiad ac ar sail hwnnw byddai'n penderfynu pa driniaeth i'w rhoi imi.

Ces y profion gwaed arferol ac yna fy nhywys i weld y nyrs arbenigol. Wedi trafod sut oeddwn wedi ymateb i'r chemo cyntaf, ces bwt o newyddion da. Roedd fy lefelau fitamin D yn 133. Y norm yw 50. Roeddwn yn cymryd tabledi fitamin D bob bore. Roedd Dylan, fy mrawd, wedi'u harchebu i mi ar y we. Roedd y label 'high strength' yn amlwg yn gweithio!

Ces wers wedyn ar sut i roi pigiad i mi fy hun er mwyn teneuo'r gwaed. Byddai'n rhaid i mi wneud hyn drwy gydol y driniaeth chemo. Pinsio darn da o floneg y bol ac amrywio pa ochr fyddwn i'n ei bigo bob dydd. Os ydy pobl sy'n dioddef o glefyd siwgr yn gallu gwneud hyn, does gen i ddim esgus dros beidio â gwneud.

25 Mai

Dydd Mercher. Diwrnod i'w fwynhau cyn yr ail driniaeth chemo. A chyn i bethau fynd o chwith.

26 Mai

O gyrraedd Ward Rowan, y cam cyntaf wedi i mi gael cadair oedd mesur fy mhwysau gwaed. Ac o'r nefoedd, roedd yn yr uchelfannau. 120 ar y gwaelod a 200 ar y top. Gallwn deimlo fy mrest yn dynn. Gallwn glywed fy nghalon yn curo. Gallwn synhwyro bod pnawn anodd o fy mlaen. Bob tro y cymerwyd fy mhwysau gwaed roedd yn mynd yn uwch. Newidiwyd y fraich er mwyn trio cael gwell darlleniad. Defnyddiwyd peiriant arall. Doedd dim yn tycio. Roeddwn wedi mynd yn rhy bell a doedd dim gobaith dod â'r darlleniad i lawr. Ces fynd adref gyda gorchymyn i weld fy noctor drannoeth. Byddai hynny'n wyrth.

27 Mai

Ces fynd i'r syrjeri doctor i gael mesur fy mhwysau gwaed gan nyrs. Er ei fod yn uchel, roedd tipyn yn is nag oedd o yn yr ysbyty. Fy ngorchwyl oedd cadw cofnod o'm darlleniadau dros y Sul.

Deirgwaith yn y bore a theirgwaith yn y nos. Ar y pnawn Llun rhannais y darlleniadau gyda'r nyrs. Y dyfarniad oedd peidio â rhoi tabledi pwysau gwaed i mi gan nad oedd gen i broblem. Yn hytrach y label ar fy nodiadau oedd 'White Coat Syndrome'!

31 Mai

Roedd heddiw'n ddiwrnod allweddol. Ail gyfle ar yr ail sesiwn o chemo. Bethan Whittall yn fy nghasglu ac yn trafod popeth dan haul ond y driniaeth. Tactegau i symud meddwl a gostegu storm y gwaed yn y gwythiennau. Yn fy isymwybod roeddwn yn teimlo'n reit ymlaciedig. Sugno pastilles Bach Rescue Remedy. Chwistrellu Rescue Remedy ar fy nhafod. Eistedd yn yr ardd i gael awyr iach. Gwnes y camgymeriad mwyaf o fesur fy mhwysau gwaed cyn mynd i Felindre. Roedd wedi saethu i fyny i'r entrychion. Bu'n awr wedyn o gorddi, stilio a cheisio sadio. Ond yn uwch yr âi pob darlleniad.

Yn ffodus roedd sesiwn reflexology wedi ei threfnu ar fy nghyfer cyn y driniaeth heddiw. Roeddwn yn llawn ffydd. Nyrs glên oedd yn cydymdeimlo â mi ac yn addo gwneud ei gorau. Roedd wedi paratoi inhaler yn llawn arogleuon ymlaciol yn cynnwys lafant. Dyna lle roeddwn i'n gorwedd ar fy nghefn: hi'n tylino fy nhraed, minnau'n anadlu'r ffon hudol hon gan gyfrif i saith a thynnu anadl ddofn. Ond ym mêr fy esgyrn gwyddwn nad oedd hyn yn mynd i wneud dim i ostwng y pwysau gwaed.

A gwir y gair. 'Nôl â fi i'r un ward. Yr un gadair. Yr un nyrs: 'Oh, I remember you from last week.' Ac oedd, roedd o'n 'sky high', chwedl hithau! Yn wyrthiol, fe'm hachubwyd. Daeth nyrs hynod brofiadol draw ata i ac edrych i fyw fy llygaid gan ddweud: 'Making you worse, aren't we? I'm exactly the same when I go to the surgery to get checked before I get my HRT. I'm going to give it to you. But I'm going to check with the doctor first.'

Teimlais ryddhad. Fy mrest yn llacio. Fy sgwyddau'n gostwng.

Dychwelodd â'r meddyg. Darllenodd o fy log o ddarlleniadau pwysau gwaed adref ac edrych arna i'n llawn cydymdeimlad:

'You don't have a blood pressure problem, Rhian. I'm going to give you a low dose of a relaxant now and you're fine to have it today.'

'Give me whatever dose you like,' atebais, 'I just want to go through with it.'

O fewn hanner awr, roeddwn yn teimlo fel person newydd. Wedi ymlacio. Wedi anghofio am y bwgan o beiriant. Ac yn gwybod fy mod i gam yn nes ar y daith i orffen y driniaeth.

Ers yr ail chemo

Mae'r sgileffeithiau wedi bod yn wahanol y tro hwn:

- Lludded sy'n llethu
- Dŵr poeth yn pwyso
- Salwch yn codi pwys
- Gwythiennau'r fraich yn wayw byw
- A dim archwaeth bwyd o gwbl.

Ond wedi naw niwrnod, fe gododd y cwmwl. Ciliodd y nausea. Adfywiais. Cerddais o gwmpas Tesco bach Canton yn wên o glust i glust. Roeddwn yn deall arwyddocâd y geiriau 'joio byw'. Yn fy sgarffiau pen sidan, wynebwn y byd gyda hyder gan edrych ymlaen at wneud y pethau bach:

- Dyfrio blodau yn y fasged grog
- Gwylio fy nhomatos yn tyfu
- Dotio at y toreth o courgettes yn sbydu yn y twba plastig
- Mwynhau cwmni ffrindiau dros goffi
- Edmygu cyrraedd nod o 160 dydd ar Duolingo
- Mwynhau gwres yr heulwen ar fy mreichiau yn yr ardd
- Llyncu nofelau a chael ymgolli
- Creu cynlluniau at y dyfodol.

Chemo rhif 3

Tydi cael mwy o sesiynau ddim yn gwneud pethau'n haws. Ond rywsut mae'r un pryder, ofn ac ansicrwydd yn corddi yn y stumog. Roedd y cyfarfod gyda'r nyrs yn hynod fuddiol. Roedd hi'n chwerthin wrth i mi dynnu fy llyfr nodiadau allan gyda rhestr o gwestiynau. 'Rêl athrawes!' nodais. Roeddwn yn awyddus i holi am y canlynol:

- Fyddwn i'n gorfod cael radiotherapi?
  Byddwn – tair wythnos wedi i mi orffen y chemo
- Fyddai raid i mi gael sgan ar derfyn yr holl driniaethau?
  Mamogram bob 18 mis am y deng mlynedd nesaf
- Allwn i fynd ar wyliau ar derfyn y radiotherapi?
  Gallwn – dim ond fy mod i'n osgoi dŵr clorin.

Roedd cael atebion yn gysur ac yn rhoi targed i mi anelu ato. Holodd y nyrs arbenigol a fyddwn i'n fodlon cadw blog neu ddyddiadur o fy hanes tra'n mynd drwy'r driniaeth hon. Soniodd hefyd am wneud fideo byr a fyddai'n gymorth i gleifion eraill sy'n mynd drwy'r un peth â fi. Rhywbeth i mi ei ystyried, efallai, ar derfyn popeth.

Er fy mod i'n betrus am gael y chemo ar y bore Iau, roedd gwybod bod gen i ddwy dabled hud i'm tawelu yn hwb enfawr. Cymerais un wedi brecwast a'r llall yn y car yn y maes parcio. Roedd y pwysau gwaed yn is, a hynny ynddo'i hun yn golygu y gallwn barhau â'r trydydd chemo. Wrth i'r nyrs ffitio'r canwla, cyrhaeddodd y reflexologist. A bod yn onest, doeddwn i ddim angen cael tylino bodiau fy nhraed heddiw. Ond diolchais iddi ac yn fendithiol, doedd dim raid i mi siarad â neb drwy gydol y chemo. Dim ond ymlacio. Fe aeth yr awr a hanner fel y gwynt. Yn seicolegol, roeddwn i hanner ffordd rŵan a hynny'n gymaint haws i'w dderbyn. Ces gysur mawr o glywed y nyrs yn dweud fy mod i dros y gwaethaf. Fe'm sobrwyd pan ddwedodd fod pob un ddos o'r chemo Fec-T yma yn costio £10,000. Y ffiolau coch a chlir hyn o gyffur gwenwynig oedd yn lladd y celloedd da a'r celloedd drwg. Wnes i erioed feddwl y byddai gwerth £30,000 o hylif yn pwmpio trwy 'ngwythiennau i.

Es allan o'r ward yn reit ysgafndroed. Cinio o frechdan bacwn gydag Eleri Phillips gan wybod bod angen balast arna i cyn i'r nausea a'r lludded feddiannu'r corff eto. Roedd Ler wedi bod yn gefn mawr ar y daith hon. Roedd hi'n ysbrydoliaeth imi. Wedi goroesi yr un diagnosis â mi ac yn bictiwr o iechyd. Roedd gan Ler y grefft unigryw honno o fritho sgyrsiau gyda dogn o ddoethineb a dogn o lewyrch gobeithiol. Diolchwn iddi am rannu ei phrofiadau a'i chyngor gwerthfawr.

Roedd y symptomau'n dra thebyg y tro hwn i rai'r deudro dwythaf:

- Blinder
- Teimlo 'mod i mewn cwmwl
- Dim awydd bwyd
- Teimlo'n sâl, ond ddim yn chwydu
- Poenau mawr yn y fraich lle chwistrellwyd y chemo.

Yn feddyliol roedd fy nheimladau'n gymysg oll i gyd:

- Blin gyda'r byd a'i bethau
- Eiddigeddu wrth bawb oedd yn cael mynd a chrwydro
- Penderfynol o roi mwgwd o golur ymlaen yn ddyddiol er mwyn cuddio hagrwch y pen moel
- Dim awydd gweld neb a dyheu am i bawb oedd yn galw adael
- Ymgysylltu mewn sgwrs ond dim yr un hiwmor, ffraethineb nac awydd i fwynhau'r rhialtwch
- Gloddesta ar *Downton Abbey* a *Love Island* er mwyn ffoi rhag realiti
- Gwneud cacen fanana gan fod y bananas du yn y bowlen yn fy atgoffa o bydredd
- Syrffio'r we bob bore er mwyn chwilio am fargeinion.

Chemo rhif 4

Rydw i'n dechrau ar goctel newydd heddiw sef Taxotere. Yr unig beth a wyddwn cyn dechrau arno oedd bod sgileffeithiau gwahanol wrth gymryd hwn:

- Rash
- Dolur rhydd
- Popeth yn blasu fel metel
- Poen yn y cymalau
- Ewinedd yn fregus
- Diffyg archwaeth bwyd
- Blinder.

Wel, toeddwn i'n ysu i gael dechrau ar hwn?

Ces fy ngwaed wedi'i brofi ddydd Mawrth ac yna cyfarfod gyda'r nyrs i ymdrin â'm symptomau. Daeth fy llyfr bach allan a dechreuais restru fy anhwylderau newydd ...

Collais ewin fy nhroed nos Sul ac roeddwn yn gwingo mewn poen. Llwyddais i gael apwyntiad â cheiropodydd. Gwell peidio dweud gormod am Aidrian y meddyg traed. Canfu fod pothell o dan fy ewin oedd wedi achosi iddo godi. Torrodd yr ewin yn ôl i'r bôn. Roeddwn yn gwingo ac yn gwichian fel mochyn bach. Ac ymateb Aidrian? 'You're a bit of a wimp, aren't you?!' Wel, os do fe! Roedd yn lwcus na wnes i afael yn ei sgalpel a'i phlannu mewn lle annifyr. Talais. Hanner ewin y bawd yn ei le a chael fy ngyrru ganddo i Home Bargains i chwilio am blastars!

Braich chwyddedig. Roeddwn wedi sylwi bod fy mraich chwith yn goch ac yn chwyddedig ers rhai dyddiau. Roeddwn wedi bod yn rhoi iâ arni ac yn rhwbio Arnica. Felly pan soniais wrth y nyrs, y cwestiwn cyntaf ges i oedd: 'For how long has it been like this?' Rhyw ateb celwydd golau rois i: 'Three days, but worse today.' Teimlais fel plentyn bach wrth glywed yr ymateb: 'You're a very naughty patient, Rhian. We could have treated this much earlier for you.' Ces fy martsio'n reit ddisymwth am ultrasound. A chanfod bod superficial thrombus arall yn llechu yn fy mraich chwith oedd yn hirach na'r un cyntaf. Penderfynwyd fy rhoi ar deneuwyr gwaed newydd cryfach o fory ymlaen.

Doedd dim consýrn mawr arall gen i ar wahân i wybod beth i'w gymryd at y sgileffeithiau newydd:

- Piriton at y rash
- Omeprazole at y stumog
- Gaviscon at y dŵr poeth
- Imodium at y dolur rhydd.

Byddai hefyd angen chwistrelliad i gynyddu'r celloedd gwyn yn y corff, y diwrnod wedi'r chemo. Mae fy nghwpwrdd bwyd yn ymdebygu i un Taid a Nain erstalwm. Ond nad oes Steradent ar gyfer dannedd gosod.

Erbyn 8 y bore roeddwn wedi cymryd y coctel a nodwyd ac yn teimlo fel fy mod i'n ratlo cyn cyrraedd Felindre.

Roedd hi'n hyfryd o dawel ar y ward a nyrs glên yn gofalu amdana i. Dyma'r un orau o bob un a fu. Y canwla i mewn yn syth. Y pwysau gwaed yn bihafio. Y ward yn hanner gwag i mi allu ymlacio. A dim nyrs yn eistedd wrth fy ochr. Roedd yr hylif yn glir o gymharu â'r un coch, afiach ges i'r tro dwytha.

Wedi awr a hedfanodd, roeddwn
i'n rhydd i fynd. Am 10:30 roeddwn
'nôl adref yn yfed paned ac yn dyfrio
fy nhomatos efo Tomorite.

Wrth i'r dydd fynd yn ei flaen rydw i wedi
synnu at gymaint dwi wedi llwyddo i'w wneud:

- Brwsio ffrynt y tŷ
- Bwyta cinio
- Cerdded am hanner awr
- Llnau celfi'r ardd o lwch yr adeiladwyr drws nesaf
- Gwneud tair galwad ar Facetime
- Gwneud swper
- Siarad â'm cymdogion
- Ysgrifennu cerdyn pen-blwydd.

Croesi popeth y bydd fory cystal, wir Dduw.

Ers cael y chemo diweddaraf, mae'r sgileffeithiau wedi bod
yn wahanol i'r tri chyntaf. Dim egni i wneud dim, ond archwaeth
bwyd. Crampiau stumog a'r rheiny'n corddi. Chwys oer yn dod
drosta i a'r awydd yna eto i encilio rhag y byd. Dim fel fi o gwbl,
a bod yn onest.

Yr unig ffordd roeddwn yn gallu ymdopi gyda'r caddug trwchus yma oedd gwneud cynlluniau. Pethau i edrych ymlaen atyn nhw:

- Trefnu yswiriant gwyliau
- Trefnu noson i ffwrdd gyda Cheryl yn Aber gyda thalebau Welsh Rarebits
- Archebu bwrdd yn y Beach House ym Mae Oxwich, wsnos wedi'r chemo olaf, a dwy noson i ffwrdd gyda Mari
- Prynu set o ddillad gwely claerwyn newydd
- Archebu dwy ffrog hir ar y we – does dim byd fel retail therapy!
- Bwcio massage oncology gydag Amanda – achubiaeth i'r cymalau a'r enaid
- Trefnu tocynnau i fynd i weld *Lion King* yng Nghanolfan y Mileniwm
- Prynu masgara sy'n benodol ar gyfer pobl sydd ar chemo a hylif i hybu tyfiant yr amrannau
- Ymgolli yn nofel Bernardine Evaristo, *Girl, Woman, Other*
- Edrych ymlaen at seremoni raddio Elin ddydd Mercher.

CREU GWIR FEL GWYDR O FFWRNAIS AWEN
IN THESE STONES HORIZONS SING

Rydw i'n benderfynol o fod yn ddigon da i'w gweld hi'n graddio a hithau wedi bod yn angor drwy'r storm yma i gyd. Dyma fydd owtin cyntaf y wig. Ac er i Tomos ddweud, 'Gwisga dy sgarff – ti'n edrych yn grêt yn honno!', roedd angen plycio dewrder i ddod â'r wig i olau dydd. Gobeithio na fyddai neb yn meddwl bod y wig yn edrych fel cath farw, drilliw ar fy mhen!

Rydw i wedi dysgu bod yn garedig efo fi fy hun drwy gydol y daith hon. Dysgu llawer am fy nygnwch, fy nghymeriad a'm cryfder. Er bod ysictod ac amheuon ar adegau, mae'r gwreiddiau oddi tanaf yn fy sadio a'm cynnal.

Rwy'n hoff iawn o ddyfyniad Sabina Laura:

> I am made of flowers, the kind that always grow
> back even after frost.

Wrth edrych arna i fy hun yn y drych, tydw i ddim yn edrych yr un peth:

- Dim bron dde
- Ewin bawd fy nhroed dde wedi torri
- Ambell gudyn yn unig o wallt tila ar gopa'r pen
- A chleisiau duon ar hyd fy nghorff yn sgil y teneuwyr gwaed
- Mae'r amrannau bellach yn wantan ac yn gysgodion truenus o'r hyn a amgylchynai fy llygaid gleision.

Ond fi ydy fi. Yr un person. Dim ond bod gwaith ailadeiladu ac adnewyddu corfforol a meddyliol. Tybed sut fydda i'n edrych ymhen blwyddyn?

Chemo rhif 5

I bobl eraill, mae'r amser wedi mynd yn gyflym. I mi, mae'n teimlo fel oes. Dwi wedi bod yn y tir neb yma ers deunaw mis. Dwi wedi brwydro ymlaen. Cuddio'r creithiau. Gwisgo gwên. Ond mae'r bwgan wastad yno'n llechu'n dawel bach. A chaf fy atgoffa ohono'n ddyddiol wrth edrych yn y drych.

Yr un yw'r ddefod bob dydd. Trawsffurfiaf yr wyneb calchog â haen o hylif i euro'r croen. Yna haen o orchudd lliw euraidd ar ei ben. A'r goron ar y cyfan ydy'r powdr euro hudol. Dwi'n edrych yn fyw unwaith eto.

Ces gyngor i amgylchynu fy llygaid â phensil trwchus er mwyn masgio'r amrannau diflanedig. Dwi wedi buddsoddi mewn hylif i gryfhau'r aeliau a'r amrannau. Ydy hyn yn gwneud gwahaniaeth?

Yn seicolegol, teimlaf fy mod yn eu hybu. Yn debyg i'r Tomorite sy'n cochi'r tomatos yn yr ardd gefn. Bwydaf a dyfriaf. A gobeithio am dwf gwyrthiol.

Aeth popeth yn dda gyda'r nyrs ddoe. Ces hwb o fod yng nghwmni Babs. A datgelodd sawl gwireb fydd yn aros yn y cof:

'Being strong mentally also has its pitfalls. You hide a lot. Put on a brave face. But it festers within.'

Cofleidiais y frawddeg hon:

'All of this treatment is risk reduction. You are cancer free.'

A chysur oedd clywed hyn:

'You have coped extremely well with all of this, Rhian. It's been a long journey. There have been a few blips, like the clots. But you've coped well with everything.'

Weithiau mae angen clywed geiriau fel hyn er mwyn ystyried pa mor bell yr ydw i wedi cyrraedd ar y daith hon.

Cyn wynebu chemo rhif 5 yfory, rydw i'n mynd â ffrind annwyl iawn, sy'n ymddeol yr haf hwn, allan am de pnawn i Winllan Llannerch. Collodd hi ei chwaer i'r diawl cancr yma. Ac o'r herwydd, mae hi'n deall. Ers y dechrau, mae hi'n gyrru cerdyn ata i ddeuddydd cyn fy nhriniaeth chemo.

Rhyfeddaf at ei dawn dweud. Ei doethineb wrth saernïo ei negeseuon. Ac rwyf wedi cadw pob nodyn yn fy nghist o lythyrau a chardiau pwysig:

> You have been a true warrior and I'm so proud of you and the way that you've met this incredible challenge. It's been inspirational and with such dignity. I'm sure that there may still be moments when you're angry, sad or sick and these are perfectly understandable, hun.

Gwir pob gair. Dwi wedi bod yn flin. Yn gandryll. Dwi wedi bod yn drist. Torri 'nghalon. A dwi wedi bod yn sâl. Yn swp sâl.

Ond yr wsnos hon yn Steddfod Genedlaethol Tregaron ces y wefr fwyaf o ddarllen 'Gwres' gan Esyllt Maelor, y gerdd a enillodd iddi'r Goron. Cerdd yn seiliedig ar ei phrofiad personol o golli Dafydd, ei mab:

> Weithiau rwyt ti yn fanna,
> yng nghanol fy nhalcen.
>
> Bwlsai.
>
> Fanno oeddet ti wrth i mi ddreifio adra neithiwr
> a dyma weiddi amdanat,
> ymbil,
> erfyn
> i ti fod reit wrth fy ymyl.

Roeddwn yn aros gyda Mam yn ystod yr wythnos ac roedd hi'n chwith garw i ni'n dwy na allem fod yn Nhregaron. Man geni Dad a'r ymdeimlad yna o berthyn a gwreiddiau mor bwysig i ni. Cafodd Mam oriau o bleser yn mynd drwy'r gerdd fuddugol. Y meddwl dal mor siarp yn dadansoddi a dehongli'r cynnwys. A'r mudandod ar ôl pob darlleniad yn crynhoi'r cyfan. 'Waw!' oedd ei hymateb, 'Am orchest.'

Wrth i mi deithio 'nôl ar y trên o'r gogledd yr wythnos hon, roedd cerdd Esyllt ar fy meddwl. Wrth i'r trên daro'r cledrau ar y trac drwy Fae Colwyn, roedd Dad yn hollbresennol ar y daith. Wedi ymdoddi yn arwydd garej Slaters. Ar y traeth gronynnog. Ar y promenâd yn Rhos. Ar blatfform y stesion yn codi llaw wrth ffarwelio â mi. Ac ar y gorwel pell ymhlith y tyrbinau gwynt.

Gwn y bydd yno gyda mi yfory ar Ward Rowan. Yn gafael yn fy llaw yn dynn. Ac yn sibrwd: 'Cym di ofal, pwts. Ti bron iawn yna, un ar ôl hwn. Ti'n gneud yn wych, Rhi!'

Maen nhw'n deud ei bod hi'n bwysig sgwennu pan 'dach chi'n teimlo'n glwc. Fel pridd yn llithro drwy'ch bysedd mae hi'n anodd cadw fynd yn dragywydd.

Dydd 5 ar ôl chemo a dwi'n teimlo'n giami. Homar o gur yn fy mhen a hwnnw'n dobio. Dim egni. A brecwast yn blasu fel llwch lli.

Dwi ddim yn siŵr pam ydw i'n arteithio fy hun. Ond dyna ydw i'n ei wneud bob bore wrth edrych ar y diweddaraf ar Facebook – delweddau dirifedi o bawb yn byw bywyd perffaith.

A dyna lle roedd pawb yn diolch i Dregaron am Steddfod amesing.

Tydw i ddim yn eiddigeddus. Tydw i ddim yn chwerw. Ond mae wynebau gwengar pawb yn codi gwydryn o flaen Bar Williams Parry a'r Talbot yn corddi. Dyma ddigwyddiad arall yr ydw i wedi ei golli oherwydd y diawl salwch 'ma.

Does dim cyffro. Does dim cynnwrf. Does dim hwyl. Yng nghrombil fy ngwely dwi'n tasgu drwy'r tudalennau o ddathliadau ac yn teimlo'n gwbl fflat. Gwn nad ydy'r byd siwgwraidd, sbectol heulog yn bodoli go iawn. Ond i mi, mae'r realiti presennol yn dipyn anos i'w stumogi na'r delweddau 'Welwch chi fi. Mae fy myd i'n ffab!'

Chemo olaf

Do, fe ddaeth y dydd! Galwad i fynd i mewn yn gynt ac yno ar y ward ynghlwm wrth drip am y tro olaf. Ond mae'n anodd dweud 'y tro olaf', tydi? Oherwydd dwi wedi dysgu nad oes dim yn sanctaidd mwyach. A dim i'w gymryd yn ganiataol. Roeddwn wedi clywed bod modd i chi ganu'r gloch ar ôl eich chemo olaf. Mae'r gloch wedi symud ers dyddiau Covid, ac a bod yn onest, doedd canu cloch ddim yn beth y dymunwn ei wneud a'r holl gleifion eraill yn wynebu triniaeth am wythnosau eto.

Sut deimlad ydy gorffen? Gorfoledd. Gollyngdod. Rhyddhad. Anghrediniaeth. Bu'n ugain mis hir a doedd dim llewyrch ar ddiwedd y twnnel troellog 'ma ers sbel. Cofiaf ddysgu'r ferf 'igam-ogamu' i blant erstalwm. Dyna hanes y daith hon.

Deffro bob bore a meddwl tybed be ddaw heddiw. Ydy'r cleisiau'n dechrau pylu wedi'r teneuwyr gwaed? Ydy'r clotiau gwaed yn llai llidiog? Ydy'r ymysgaroedd yn llai clwyfus? Ydy fy llygad dde am stopio wincio'n barhaus? A fydd cnwd newydd o wallt ar y copa 'ma heddiw?

Faswn i fyth wedi meddwl y byddwn yn deffro i hunanasesu mor fanwl ag yr oeddwn wedi ei wneud yn ystod y misoedd dwytha 'ma.

Fe ddwedodd rhywun wrtha i rywdro: 'Mae bod yn sâl yn job lawn amser.' A dwi'n dallt hynny rŵan.

Ond mae 'na oleuni. Mae 'na lewyrch. Ac mae rhyw don fwyaf rhyfeddol wedi fy sgubo i ryw draethell llonydd. Dwi wedi'i wneud o. Dwi wedi cwblhau'r chemo afiach. A dwi'n dal i wenu ar y terfyn.

Cyrhaeddodd sawl un yn eu fflyd â blodau haul i mi. Blodau gobaith. Daeth tusw arall gan Anwen, cyn-ddisgybl imi'n dweud yn lew: 'Llongyfarchiadau. Ymlaen gyda'n gilydd.' A hithau â phedair triniaeth i fynd. Mae anhunanoldeb ynghanol storm bersonol yn rhinwedd ryfeddol. A'r talpiau aur hynny o garedigrwydd a gofal sy'n peri'ch bod chi ddim yn suddo wrth y lan.

Mae cynlluniau braf o fy mlaen yr wsnos hon os na chaf bwl drwg a llithro'n ôl. Dylan a'r teulu'n dod lawr i aros wedi'u gwyliau yn Ffrainc. Noson ym Mae Oxwich a phryd o fwyd yn mwyty Beach House Hywel Griffith. Ymlaen wedyn i Fae Langland am swper y noson wedyn. Y penllanw. Diwedd chwe thriniaeth o chemo.

Yna caf wythnos yn y gogledd gyda Mam a'r teulu a'r car gen i er mwyn mynd â hi hwnt ac yma. Mae'r hualau'n llacio:

- Gyrru i'r gogledd eto
- Dim apwyntiadau chemo
- Sawl aduniad – hirddisgwyliedig – gyda chriw'r gogledd

- Archebu dillad nofio ar gyfer fy wythnos yn Tenerife fis Hydref
- Anadlu ... anadlu a theimlo awel gwynt diwedd Awst ar fy mochau yn yr ardd
- Ymestyn, a theimlo cryfder y corff yn dychwelyd a'r cymalau'n ymlacio.

Sylwi ar ogoniant y lafant yn yr ardd ar derfyn Awst. Dotio at y tomatos bychain yn bochio a chochi. A gwerthfawrogi blas paned o de heb frwydro â thawch rwberog a llychlyd fy ngheg.

O'r diwedd. Mae pigiadau'r sêr yn fwy gloyw a'r llwybr troellog yn dechrau unioni ychydig. Ymlaen gyda hyder at yr hydref.

15–21 Medi: radiotherapi

'Walk in the park' fydd hwn o gymharu â chemotherapi – dyna ddisgrifiad pawb ohono. Y gwir ydy, mae llawer o bobl sy'n dweud hyn wrthych chi'n anymwybodol o sut beth ydy cemotherapi, radiotherapi na'r sgileffeithiau.

Boed gall neu beidio, fe es am fy apwyntiad pigiad booster Covid y noson cyn dechrau fy radiotherapi. Yn ôl yr arbenigwyr fyddai hyn ddim yn gwneud niwed nac yn amharu ar y driniaeth.

Roedd yr holl broses fel peiriant effeithiol. O'r sgwrs gysurlon cyn dechrau hyd at fy ngosod mor drefnus a gofalus ar y peiriant ar gyfer y radiotherapi. Ar nenfwd y stafell mae llun hyfryd wedi'i oleuo o goedwig a gwledd o glychau'r gog. Atgoffwyd fi am Lôn Goed Williams Parry, 'O olwg hagrwch cynnydd', wrth orwedd yno fel delw a'r peiriannau'n chwyrlïo o'm cwmpas. Roedd yr iaith a siaradai'r radiolegwyr â'i gilydd yn estron i mi. Iaith dechnegol a minnau yno'n slabyn mud yn dibynnu ar drylwyredd eu mesuriadau.

Ar yr ail ddydd, roedd tair yn y stafell. Mae pob un wedi bod mor ofalus ohonof. Ond dyma un ohonynt yn holi ar y bore hwn:

'Can I ask you if you had a female surgeon?'

'Yes,' atebais.

'You can spot them a mile away. You've got a lovely scar. Not that you want a scar. But yours is wonderful.'

Y pethau bach yma sy'n codi'ch calon chi. Yn ddiweddar dwi wedi teimlo'n ddrylliedig. Wrth edrych arna i fy hun o'm corun i'm sawdl does dim llawer ohonof heb ei erydu ers dechrau'r broses hon:

- Mae ewin bys fy mawd yn ddu, bregus a phydredig
- Mae creithiau'r clotiau gwaed yn gysgodion porffor ar fy nwy fraich, y gwythiennau'n chwyddedig a chaled
- Mae storm o gleisiau ar draws cnawd fy mol, rhai melynwyrdd sy'n dechrau pylu. Ond mae 'na rai du, poenus a'r cnawd yn dalpiau chwyddedig. Yr holl gnawd fel jeli sigledig
- Yna mae'r graith biws golau yn destament a choffâd o le bu'r fron glwyfus
- Mae llosgiadau ar fy nwylo, llosgiadau tebyg i'r rhai ar ôl llosgi yn y stof. Y croen yn bothellog a rhyw liw anghynnes arno

• Ac yna'r corun yn drwch tenau â chnwd newydd o wallt.
Blew a gwawn tywyll yn llawn plu brith. Mae'n teimlo'n
wahanol i'r corun a fu yno gynt. Ond mae'n tyfu'n gyflym.
A rhyw ddirgelwch ynglŷn â sut beth fydd y ddelwedd
newydd.

Pan ddwedwyd y byddai'r celloedd da a drwg yn cael eu dryllio,
gwir fu'r gair.

Mae dwy driniaeth i fynd ac yna byddaf wedi cyrraedd
y llinell derfyn. Tybed sut deimlad fydd hynny?

Diwedd y driniaeth

Ces rybudd am yr hangofyr, chwedl y gwefannau. Y teimlad
yna o fod ar dir neb heb gynhaliaeth.

Ond dydw i ddim wedi cael llawer o amser i feddwl na
stilio am arwyddocâd gorffen ugain mis o driniaeth.

Daeth fflyd o negeseuon. Sawl tusw blodeuog hyfryd. Breichled cwlwm Celtaidd. A sawl gwahoddiad i fynd allan i ddathlu.

Fe'm boddwyd gan wahoddiadau a rywsut tydi realiti ddim wedi fy nharo eto:

- Dim chwistrellu dyddiol i deneuo'r gwaed
- Dim llythyrau apwyntiadau
- Dim ofn na'r stumog yn troi wrth feddwl am sgileffeithiau'r chemo nesaf.

Mae popeth wedi llonyddu rywsut. Gosteg wedi'r storm. A minnau'n ailafael mewn bywyd fesul awr, fesul dydd.

Mae hydref yn y tir a gyda hynny dwi wedi clirio holl flodau'r haf a thynnu'r chwyn oedd yn cronni o gylch y petalau tila. Ces rywun draw i llnau'r carped a rhoi sbriws go lew i'r haenau o wlân oedd, fel fi, wedi blino.

A phrynais ambell eitem newydd i wardrob y gaeaf, gan fy mod i'n haeddu trît, yn ôl pawb. Archebais wisg nofio gyda phocedi pwrpasol i ddal y prosthesis. A llonnais wrth weld yr haenau o wallt ar fy mhen yn tyfu.

Roedd rhyw deimlad o ymollwng yn ogystal â theimlad o ofn yn llechu yn fy nghrombil.

Ers dechrau ar y tabledi hormonol roeddwn yn sobri wrth feddwl y byddwn i arnyn nhw am ddeng mlynedd. Rywsut rŵan roedd cymryd gofal a bod yn warcheidwad fy iechyd fy hun yn fwy o flaenoriaeth nag erioed. Roeddwn am wneud popeth o fewn fy ngallu i fod yn fersiwn iach ohona i fy hun. Ond byddai'n rhaid cael gwydryn bach o win reit neis i'm cadw'n hapus ynghanol y 'bywyd iach' 'ma!

Ymdopi gyda'r tabledi

Dwi'n deall pam y ces i fy rhybuddio y byddai'n cymryd
o leia fis i'r tabledi setlo yn y corff. Dwi wedi cael cymaint
o sgileffeithiau mae hi'n syndod fy mod i'n dal i wenu.

Ble i ddechrau?

- Chwyddo. Teimlo fel fy mod i'n ugain stôn. Belt y jîns yn
  brathu cnawd fy mol

- Blin fel tincar. Gallwn grogi unrhyw un sy'n edrych yn gam
  arna'i. Mynd i ben caetsh am y peth lleiaf. A theimlo wedyn
  yn fflat a blin efo fi fy hun am fod mor annifyr

- Eisiau mynd i bi-pi yn gyson a phoen annioddefol yn fy mol.
  Rhoi sampl dŵr. Doctor yn rhoi antibeiotics. A chlywed
  wedyn fod yr ysbyty'n dweud nad oedd UTI arna'i

- Ond y boen waethaf ydy'r cymalau. Teimlo fel hen nain yn
  dod allan o'r gwely. Yr holl gorff fel pe bai'n clicio, erydu a
  chrebachu. Fuodd erioed y fath newid dros nos. Teimlo bod
  angen olew i iro pob cymal. A gorfod gwneud ymarferion
  i ymestyn a llacio cymalau'r cefn a'r coesau cyn hercian
  i lawr y grisiau

- Ond mae'r gwallt yn dal i dyfu. Cnwd ar y copa. Yr
  amrannau a'r aeliau'n ailflaguro. Ac ambell i flewyn ystyfnig
  yn ailymddangos ar fy ngên!

Bydd gen i restr hir o symptomau i'w trafod â'r arbenigwr fore
Mawrth nesaf yn Felindre.

Addasu i Letrozole a swydd newydd ...

Yn naïf iawn, tybiais y byddwn yn dioddef yr un symptomau ar Letrozole ag a wnes i ar Tamoxifen. Y naill ar gyfer merched perimenoposaidd a'r llall ar gyfer merched ôl-fenoposaidd. Ond nid felly fu hi.

Wrth aros i weld yr arbenigwr daeth rhyw ysictod rhyfedd drosta i. Yno ar fy mhen fy hun fe'm trawodd fy mod i'n dod i ddiwedd taith yr ymweliadau ysbyty. Er fy mod i'n gwybod taw dyma'r apwyntiad olaf roedd rhyw dyndra emosiynol oherwydd yr hyn roeddwn wedi ei oresgyn.

Rywsut, roeddwn wedi dal i fynd a wynebu sialensau bob dydd. Heb orddadansoddi a heb orfeddwl.

I mewn â'r oncolegydd: 'I wanted to see you, as this is your last appointment, to check-in on you.'

Roeddwn wedi disgwyl gweld y nyrs a welais trwy gydol y chemo a rywsut yn rhagdybio newyddion gwael eto gan taw Dr Annabel oedd o fy mlaen i heddiw.

Mewn gair, cael ar ddeall fy mod i'n achos digon unigryw gan fy mod i'n dal i greu cymaint o oestrogen a minnau bron yn 55 oed. O'r herwydd, chwistrelliad i fygu'r ofaris bob mis am dair blynedd. Letrozole am o leia bum mlynedd. Byddai'n rhaid cael prawf gwaed mewn tair blynedd er mwyn monitro'r lefelau. Derbyniais y driniaeth a chydio'n dynn yn y frawddeg hon: 'I hope I don't see you again.'

'You're on a car crash at the moment,' ychwanegodd, 'between the Letrozole and Prostap injections. But the symptoms will ease in about three months.'

Gyda'r addewid y gallwn gymryd tyrmerig a magnesiwm

ar gyfer y cymalau, roedd rhyw oleuni i mi a minnau'n teimlo fel hen wraig.

Yr wythnos ganlynol es i gyflwyno siec o dros £5,000 i Ysbyty Llandochau. Roedd hyn yn dilyn ymgyrch Estyn i gerdded llwybr yr arfordir. Roedd rhyw bleser anhygoel o gael cyflwyno'r siec a gweld fy llawfeddyg eto. Teimlad daionus a diolchgar ar yr un pryd. A mawr oedd eu gwerthfawrogiad o'r arian. Addewais y baswn yn trefnu digwyddiad yn yr haf er mwyn codi mwy ar gyfer ymgyrch cancr y fron yno.

TACHWEDD 2022

Ynghanol hyn i gyd, fe ddechreuais swydd newydd fel uwch-ddarlithydd ar y cwrs TAR Uwchradd ym Met Caerdydd. Roeddwn yn gwybod fy mod i'n gwneud y peth cywir. A gwyddwn hefyd fod gweithio'n lleol ac o adref yn mynd i fod yn llawer mwy llesol i mi yn yr hirdymor. Ond efallai nad oeddwn i wedi llawn werthfawrogi anferthedd y newid swydd ar derfyn dwy flynedd o driniaeth. Profais gybolfa o heriau emosiynol yn sgil yr holl ffactorau hyn:

- Lleoliad cwbl newydd
- Sector gwbl newydd
- Staff cwbl newydd
- Systemau cwbl newydd
- Cyrsiau cwbl newydd
- Myfyrwyr cwbl newydd.

At hynny, dechrau ar y swydd newydd ym mis Tachwedd a hithau'n ganol tymor.

Mae pawb wedi bod yn eithriadol o garedig ac annwyl gyda mi. Amyneddgar a sensitif. Ac ystyrlon iawn o'r hyn dwi wedi bod drwyddo. Ond dwi'n credu taw'r holl systemau newydd a'm llethodd. Roedd y diffyg hyder, y panig, yr hunanamau i gyd yn rhan o sgileffeithiau Letrozole. Roedd y rheiny ar ben dod i ddeall platfformau Moodle, Insite, PebblePad a MySite yn heriol.

Teimlai fy mrest fel petai ar fin ffrwydro. Yn dynn ac annifyr. Gwn fod fy ngwedd yn llawn pryder. Ac fy mod yn deffro am 3 y bore yn rhestru popeth nad oeddwn yn ei ddeall. Mae byrfoddau'r byd addysg yn chwerthinllyd o ddryslyd! Roeddwn yn gallu uniaethu â'r holl athrawon newydd gymhwyso mewn ysgolion ar eu diwrnod cyntaf.

RHAGFYR 2022

Fis yn ddiweddarach ac rwy'n llawer llai poenus. Mae'r frest yn esmwythach a'r cwsg yn brafiach. Rydw i wedi bod o flaen grwpiau o fyfyrwyr a chael gwefr fendigedig o'u dysgu i ddweud y tywydd yn y Gymraeg. Mae'n teimlo'n iawn ac rydw i'n llai caled arna i fy hun.

Rwyf am fwynhau'r Nadolig eleni. Fydd dim hunanynysu'r tro hwn. Rwy'n edrych ymlaen at gwmni teulu a ffrindiau. Awyr iach. Bwyd a gwin da. Gan wybod nad ydw i'n wynebu llawdriniaeth fis Ionawr.

Iechyd da!

Gwefannau defnyddiol

GIG 111 Cymru | Gwyddoniadur: Canser y fron, mewn menywod: wales.nhs.uk

BBC Cymru | Bywyd – Byw ac Iach – Canser y fron: bbc.co.uk

Breast Cancer Now | The research and support charity: breastcancernow.org

Macmillan Cancer Support | The UK's leading cancer care charity: macmillan.org.uk

Maggie's | Everyone's home of cancer care: maggies.org

Tenovus: gofal canser | Estyn Gobaith. Estyn Llaw: tenovuscancercare.org.uk

Future Dreams | Nobody should face breast cancer alone: futuredreams.org.uk